特立独行

王传福

与比亚迪的崛起之路

润 商○著

团结出版社

图书在版编目（CIP）数据

特立独行 / 润商著 . -- 北京：团结出版社，
2025.8

ISBN 978-7-5234-0834-6

Ⅰ.①特… Ⅱ.①润… Ⅲ.①汽车企业－工业企业管
理－研究－中国 Ⅳ.① F426.471

中国国家版本馆 CIP 数据核字 (2024) 第 051474 号

出　　版：团结出版社

　　　　　（北京市东城区东皇城根南街84号　邮编：100006）

电　　话：（010）65228880　65244790

网　　址：http://www.tjpress.com

E-mail：zb65244790@vip.163.com

经　　销：全国新华书店

印　　装：三河市华东印刷有限公司

开　　本：140mm × 210mm　　32开

印　　张：7.5

字　　数：200千字

版　　次：2025年8月第1版

印　　次：2025年8月第1次印刷

书　　号：978-7-5234-0834-6

定　　价：59.00元

为标杆企业立传塑魂

在我们一生中，总会遇到那么一个人，用自己的智慧之光、精神之光，点亮我们的人生之路。

我从事企业传记写作、出版15年，采访过几百位企业家，每次访谈我通常会问两个问题："你受谁的影响最大？哪本书令你受益匪浅？"

绝大多数企业家给出的答案，都是某个著名企业家或企业传记作品令他终身受益，改变命运。

商业改变世界，传记启迪人生。可以说，企业家都深受前辈企业家传记的影响，他们以偶像为标杆，完成自我认知、自我突破、自我进化，在对标中寻找坐标，在蜕变中加速成长。

人们常说，选择比努力更重要，而选择正确与否取决于认知。决定人生命运的关键选择就那么几次，大多数人不具备做出关键抉择的正确认知，然后要花很多年为当初的错误决定买单。对于创业者、管理者来说，阅读成功企业家传记是形成方法论、构建学习力、完成认知跃迁的最佳途径，且越早越好。

无论个人还是企业，不同的个体、组织有不同的基因和命运。对于个人来说，要有思想、灵魂，才能活得明白，获得成功。对于企业而言，要有愿景、使命、正确的价值观，才能做大做强，基业长青。

世间万物，皆有"灵魂"。每个企业诞生时都有初心和梦想，但发展壮大以后就容易被忽视。

企业的灵魂人物是创始人，他给企业创造的最大财富是企业家精神。

管理的核心是管理愿景、使命、价值观，我们通常概括为企业文化。

有远见的企业家重视"灵魂"，其中效率最高、成本最低的方式是写作企业家传记和企业史。企业家传记可以重塑企业家精神，企业史可以提炼企业文化。以史为鉴，回顾和总结历史，是为了创造新的历史。

"立德、立功、立言"，这是儒家的追求，也是人生大道。

在过去10余年间，我所创办的润商文化秉承"以史明道，以道润商"的使命，会聚一大批专家学者、财经作家、媒体精英，专注于企业传记定制出版和传播服务，为标杆企业立传塑魂。我们为华润、招商局、通用技术、美的、阿里巴巴、用友、卓尔、光威等数十家著名企业提供企业史、企业家传记的创作与出版定制服务。我们还策划出版了全球商业史系列、世界财富家族系列、中国著名企业家传记系列等100多部具有影响力的图书作品，畅销中国（含港澳台地区）及日本、韩国等海外市场，堪称最了解中国本土企业实践和理论体系、精神文化的知识服务机构之一。

出于重塑企业家精神、构建商业文明的专业精神和时代使命，2019年初，润商文化与团结出版社、曙光书阁强强联手，共同启动中国标杆企业和优秀企业家的学术研究和出版工程。6年来，为了持续打造高标准、高品质的精品图书，我们邀请业内知名财经作家组建创作团队，进行专题研究和写作，陆续出版了任正非、段永平、马云、雷军、董明珠、王兴、王卫、杜国楹等著名企业家的30多部传记、经管类图书，面世以后深受读者欢迎，一版再版。

今后，我们将继续推出一大批代表新技术、新产业、新业态和新模式的标杆企业的传记作品，通过对创业、发展与转型路径的叙述、梳理与总结，为读者拆解企业家的成事密码，提供精神养分与奋斗能量。当然，我们还会聚焦更多优秀企业家，为企业家立言，为企业立命，为中国商业立标杆。

一直以来，我们致力于为有思想的企业提升价值，为有价值的企业传播思想。作为中国商业的观察者、记录者、传播者，我们将聚焦于更多标杆企业、行业龙头、区域领导品牌、高成长型创新公司等有价值的企业，重塑企业家精神，传播企业品牌价值，推动中国商业进步。

通过对标杆企业和优秀企业家的研究创作和出版工程，我们意在为更多企业家、创业者、管理者提供前行的智慧和力量，为读者在喧嚣浮华的时代打开一扇希望之窗：

在这个美好时代，每个人都可以通过奋斗和努力，成为想成为的那个自己。

企业史作家、企业家传记策划人、主编

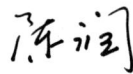

推 荐 序

把成功与失败进行淋漓尽致地总结

　　在总结任正非成功经验的时候，人们发现了这四句话：行万里路，读万卷书，与万人谈，做一件事。所谓"与万人谈"，就是任正非阅读大量世界上成功企业的发展历史的书籍。他一有机会就与这些企业的董事长、总经理当面进行交流请教，并把这些企业成功的经验用于华为的运营，这就使得华为也成为一个成功的企业。

　　在过去的十余年间，润商文化长期致力于系统研究中外成功的企业家，会集了一大批专业人士创作关于成功企业家的传记——著名企业家传记丛书。这是一件非常有意义的事情，这让"与万人谈"成为一件很容易的事。同时，这使得大家都能够从中了解到——这些企业家为什么成功，自己能从中学到什么。

　　因此，我觉得润商文化的这项工作是功德无量的。这些成功的企业家，就是中国经济史上一个个值得称颂的榜样。

湖北省统计局原副局长

民进中央特约研究员

叶青

序 言

王传福：时代大发展与个体主动性

2025年初，美国总统特朗普发起的"关税战"再度搅动人们的神经。除了强烈谴责、坚决反对外，人们也在重新审视当代中国，理性分析在全球市场剧烈震动背景下，中国制造、中国产业该走向何处。

其中，人们谈到最多的中国制造"名片"，就是中国的出口"新三样"——新能源汽车、锂电池、光伏。这三种产业，有太多相似的属性。它们都因应全球能源结构转型而兴起，本身具有一定科技含量；都曾经历过政策扶持阶段，而现在都已走出"襁褓"，进入市场化竞争阶段；都受益于民营企业的市场化竞争，在竞争中得以持续降低生产成本、推动产业规模壮大。

可以说，出口"新三样"走过的产业发展路径，是最具代表性的中国式产业崛起之路。

而谈到"新三样"的崛起，王传福是标志性人物。他在新能源汽车领域一骑绝尘，2025年一季度中国新能源乘用车批发销量为284.7万辆，而比亚迪一家就达到98.61万辆，占比超过了三分之一；锂电池的两个主要产品——动力电池和储能电池中，比亚迪是少有的能对抗"宁王"的企业；比亚迪的光伏业务虽然并不突出，但王传福早在2008年就开始涉足光伏，可以说是行业中的"前辈"。

　　王传福领导下的比亚迪是中国式产业崛起的代表，他身上有着鲜明的时代烙印和中国特色。他崛起于二十世纪九十年代中国市场经济风起云涌之时，凭借中国的人力资本、供应链、市场优势，抓住了经济全球化和能源转型的机遇，实现了从电池制造到传统汽车、再到新能源汽车的产业跨越，创造了一个又一个产业奇迹。2025 年第一季度，比亚迪首次在销量、营收、利润、研发投入等领域，全方位超越了特斯拉。在新能源汽车领域，比亚迪代表中国企业将欧美车企远远"甩"在了身后。

　　然而，我们的疑问也随之而来。为什么超越特斯拉的是比亚迪？中国企业千千万，为什么站上"中国制造"之巅与西方车企 PK 的，是王传福和比亚迪？

　　这就不得不提到，在时代背景之下，王传福的个性和经历。

　　一个农民的儿子，寒窗苦读，走上体制内科研之路。正在人们艳羡之时，他却选择辞职创业、进入商海浮沉。他追逐电池技术迭代的风口，利用中国的劳动力优势打败国际对手。当人们以为他会一直在电池赛道上跑下去之时，他却又急转弯，拐到了汽车这个完全不同的赛道。当人们以为他要致力于燃油车制造时，他却在构筑自己的新能源图景……王传福总是出乎世人的意料。

　　从行为上看，他是一个特立独行的人。然而，王传福特立独行的背后，是在时代机遇和产业趋势面前，个体主动性的充分发挥。他的每次特立独行，都缘自时代和产业的变化。在变化面前，他始终积极面对，以与众不同的方式赢得先机。

　　王传福的特立独行，正是对企业家精神的诠释。创新精神与冒险精神是企业家精神的核心内容。他能发现其他人无法发现的机遇，能找到其他人无法找到的方法，敢于尝试全新的领域，不惧怕各种未知的风险。

　　更难能可贵的是，从 2010—2019 年，整整 10 年时间，比亚迪的新能源汽车业务踏步不前，但王传福仍在一片质疑声中苦苦坚持，没有动摇战略与决心。这更能说明，他的特立独行，是在深思熟虑后的理性抉择，他对自己的判断充满信心。

回望过去，才能更全面地理解今天。

今日的王传福已经成为中国和全球市场的风云人物，并将领导一场颠覆汽车产业和能源产业的巨变。本书旨在回顾王传福走过的路，展现在时代背景下，王传福这样的企业家是如何作出个人选择，他和比亚迪又是如何取得今日的成就。

除了时代背景和王传福的个人特色，读者也应该在本书中特别留意到，比亚迪在过去30年的发展中积累了众多"法宝"。企业经营方面，包括以人工代替机器、逆向研发、垂直整合、集成创新……企业文化方面，包括工程师文化、竞争文化、品质文化……这些"法宝"正是王传福的思想在企业经营管理中的具体体现，也是比亚迪能够在多个产业领域称雄的关键。并且，比亚迪要发展为"百年老店"，这些"法宝"可能仍要发挥重要作用。

当然，每个个体都是复杂的。在看到王传福事业成功的同时，我们也要明晰，他也经历过很多迷茫、彷徨、无措之时……

最后，我们也不可能完全洞悉王传福的全部历程，即使这是一位与我们同时代的企业家。本书只能尽力呈现出一个更为全面的"王传福"，希望有助于读者了解过去，从而更透彻地认知当下，并从中汲取更多的智慧和能量。

目 录

第一章

从工程师到企业家

对于王传福这样好不容易从农村走出的学子来说，辞掉公职、下海经商，无疑是个令人难以置信的决定。但王传福认为，自己不是一味蛮干。技术方面，他拥有北京有色金属研究总院多年的电池研究经验；企业管理方面，他具备在比格电池公司的实战管理经验。另外，最重要的是，他认为自己对行业发展趋势的判断是精准的。

第一节 走出"西伯利亚"

1983 年，安徽中部一个普通村落里，农村改革的"春风"刚刚吹来，这里的农民们还没有完全摆脱贫困，仍要每天为解决基本的温饱问题而劳碌。

不过，这个夏季，村子里的一户农家，却沉浸在前所未有的喜悦中。家里最小的男孩刚刚拿到了梦寐已久的大学录取通知书，为这个一贫如洗的家庭点亮了前行的希望。

这个男孩就是王传福。将近 40 年后，当再度回忆起自己出生、成长的那个小村子时，他感慨道："穷，反而磨炼人的意志。"[1]王传福说，那时的他非常希望通过自己的努力来摆脱贫困，而读书成为他"走出去"最好、也是唯一的路。

1966 年，王传福出生在安徽省无为县一个叫王家咀的村子里。安徽是农业大省，而无为又地处安徽中部、长江与巢湖之间，是传统的"鱼米之乡"。但王家咀却以贫穷出名，被当地人称为"西伯利亚"，[2]或许正是由于这里的贫穷，让人联想到西伯利亚的荒野。

1978 年，一件大事在安徽省的另一个不起眼的小村子——凤阳县小岗村发生。18 名农民在土地承包责任书上按下手印，后来被认为"中

[1] 《酌见》第四期，俞敏洪，2021 年 3 月。

[2] 《出无为记》，杨彬彬，《财新周刊》2010 年第 7 期，2010 年 2 月。

国改革的一声惊雷,成为中国改革的标志"。但几年过去,距小岗村仅200公里的王家咀,虽然也推行了土地改革,却仍没能摆脱贫困。村里的农民依靠土地勉强维持温饱,而那些离乡闯荡的王家咀人,则多是在城市中以制售板鸭和捡破烂为生。

王家咀贫穷,王传福家更甚。王传福的父亲是一名木匠,在王传福13岁时,父亲便撒手人寰。三年后,母亲也追随父亲而去。父母留下的唯一遗产是三间瓦房,但就连这三间瓦房也在一次暴风雨中坍塌了。在穷困生活的重压下,王传福的五个姐姐、一个哥哥相继辍学。而王传福能够继续读书,全靠哥哥姐姐们的付出。

对王传福来说,"书中自有黄金屋"。少年王传福沉默寡言,不善农活,读书是他最大的乐趣。他说:"穷孩子,就喜欢看书,书上什么都有。不断地找书看,学习的动力就有了。"

另一方面,正是由于家徒四壁,发奋读书成了王传福改变命运的唯一选择。他曾向姐姐表达过自己的想法:"考不上该怎么办,家里连房子都没了。"

无论是生活还是读书,家人都给予了王传福最大的支持,特别是年长王传福五岁的哥哥王传方。在姐姐们出嫁、父母相继去世后,哥哥便承担起了养家的责任。这位朴实的农家汉子,虽然学历不高,不明白多少"大道理",却深知读书的重要性。王传方对王传福说:"再苦再累,卖房也要读书,只有读书才是唯一的出路。"

后来,哥哥娶妻成家。这位贤惠的嫂子和哥哥一起,承担起了对王传福的抚养义务。到高中时,王传福开始住校,嫂子每周给他10元生活费。有一个故事流传很久,说是他因家里太穷,某一回实在拿不出生活费来,为了让王传福可以吃饱饭读书,嫂子只能挨家挨户向邻居借钱，最终从同样贫困的邻居们那里凑出了5元钱。[1]

王传方夫妇一直是王传福坚强的后盾，王传福到长沙上大学后，王传方也来到长沙，经营"小买卖"支撑王传福的学费和生活费。再后来，王传福到北京读硕士，王传方便又把自己的生意移到北京，继续资助弟弟。

青少年时期的王传福在艰苦的环境中长大，形成了优异的性格品质，这让他在日后的求学、科研、商海搏击中受益无穷。

首先是他的专注力。生活的困境让王传福比同龄人显得更加早熟，他从来不参加村里年轻人喝酒、嬉闹一类的活动。他清楚地知道，只有读书，才有可能让他冲破生活的桎梏。由于一心扑在学习上，在外人看来，他性格腼腆，不善交际，朋友也少。但也正因如此，少了其他事物的干扰，他可以更加全身心地投入"学习"，专注力应该就是这样逐渐锻炼出来的。

其次，王传福在面对困难时表现出的韧性，也在少年时期形成了。在王传福即将初中毕业时，他的母亲离世了。这给他带来极大的心理打击，因而在升学考试中有两门考试没有参加，这让他与中专失之交臂，只能就读于县城的一所高中。在当时的农村，人们普遍认为，读高中考大学，时间久、成功概率低。对于农家子弟来说，上中专、尽快毕业工作，才是最优选择。面对这次"命运的玩笑"，王传福没有就此沉沦，而是迎难而上，更加刻苦地学习。此后的人生岁月里，他还将屡次遭遇挫折，但百折不挠的品质早已深深融进他的血液。

再次，王传福在青少年时期已经表现出独立思考的能力。他的哥哥、姐姐中，只有哥哥王传方读过初中。由于受教育程度较低，加之生活在农村，哥哥姐姐们对很多新生事物都不懂。王传福后来回忆说，正是这个原因，反而锻炼了他独立思考的能力，"很多事只能依靠自己去想，

---

[1] 《贫寒少年的科学梦想》，成杰，《王传福传：比亚迪神话》，2010年6月出版，中国华侨出版社。

自己去看"。

除此之外，王传福的动手能力也很强。在那个年代，收音机是颇具科技含量的代表性产品。一次，王传福收到了一个礼物——一台小收音机。对于这么"神奇"的物件，他充满好奇，将收音机拆了装、装了拆，不断通过拆装去研究收音机的原理。

1983 年，王传福参加高考，被中南矿冶学院（1985 年更名为中南工业大学，2000 年与湖南医科大学、长沙铁道学院合并为中南大学）录取。

当时的中国，全国总人口超过 10 亿，而大学在校生人数仅有 120 多万。王传福这个"农民的儿子"，成了全家、全村的骄傲。为了奖励弟弟，哥哥王传方将一块"上海牌"手表送给了弟弟。这块手表是其结婚时买来的，一直视若珍宝。此外，为了让王传福以最饱满的精神迎接新生活，王传方还把家里所有的新东西都给弟弟用上。

关于高考，有一个小插曲，令王传福至今记忆犹新。

或许是受到别人送的收音机的影响，当时的王传福觉得无线电是先进的前沿技术，未来发展前景广阔。因此，报志愿时，王传福的第一志愿填写的是合肥工业大学无线电专业。

但拿到通知书时，王传福颇为意外。他并没有被合肥工业大学录取，而是被调剂到了中南矿冶学院冶金物理化学专业。该专业研究的是电池，与无线电相去甚远。

虽没有被心仪的学校录取，王传福仍欣然接受。"在那个时代，农民的儿子，能够上大学已经不错了。"[1]

不过，令他始料未及的是，他此后的人生再也没有和电池脱离关系。1983 年，他因为电池走出了"西伯利亚"，走出了无为。在此后的岁月里，他又因为电池，走到深圳、迈向国际，登上更广阔的人生舞台。

---

[1] 《酌见》第四期，俞敏洪，2021 年 3 月。

第二节　再见，铁饭碗

"跟在别人后面干有什么意思，我要自己走出一条路。"[1]

还在就读研究生的王传福，已经显露出"特立独行"的特点。当堂兄王传学来看他时，他非常自信地告诉堂兄自己对未来的看法。王传学绝不会想到，这个当时胸中万卷、此后仕途顺遂的堂弟，会有一天，真的践行了自己的信念，走了一条少有人走的路。

1983 年，王传福来到长沙，入读中南矿冶学院。进入大学后，王传福依然保持在学习上的专注和勤奋。他当时的辅导员刘迪评价说，王传福虽然不是各方面都表现突出，但却很聪明、上进。[2]

相比在王家咀的埋头苦读，此时的王传福似乎更为"放开"自己。他在大一时入了党，还进入了系团总支，参与学生活动。闲暇时，除了帮哥哥料理生意，他也积极扩大自己的朋友圈，参加跳舞等娱乐活动，甚至还帮辅导员介绍对象。

1987 年，王传福考上研究生。他从长沙来到北京，到北京有色金属研究总院攻读硕士学位。他的导师是有色金属研究领域的著名专家李国勋。李国勋长期致力于难熔金属熔盐电解、火法冶金反应机理、无机材料合成以及化学二次电源等领域的研究。王传福跟随李国勋学习，

[1] 《出无为记》，杨彬彬，《财新周刊》2010 年第 7 期，2010 年 2 月。
[2] 《中国首富王传福长沙四年笑与泪》，侯小娟，邓桂明，姚乐，《三湘都市报》，2009 年 10 月 15 日。

得以参与一些重要科研项目的研究，包括"熔盐电解铝新型惰性阳极"。王传福的专注精神此时再次展现出来，有时为得到精确的数据，王传福要开展数千次的实验。同时，他又善于思考，总是会提出新的见解，因此受到李国勋的喜欢。1990年，王传福研究生毕业。导师李国勋主动询问他是否愿意留在学校，从事科学研究工作。王传福欣然答应，从此他走上了对电池的研究之路。

此后两年，王传福的人生按下了"快进键"。在李国勋的引荐下，他留在学校的301室工作。刚刚参加工作没多久，王传福便开始主持"碱性镍铬镍氢二次充电电池"课题研究。此后，他的"稀土金属钕做电解阳极"和"影响金属陶瓷结构的氧化钇（Y_2O_3）"等研究都受到了业界广泛关注。他弃用传统的宝石改色方法，改用熔盐电解的方法，开业界先河。后来，这种方法还发表在英国著名刊物《宝石杂志》上。

由于出色的工作成绩，王传福受到重用，升迁速度飞快。到1992年时，他已经担任北京有色金属研究总院301室副主任。26岁的王传福，成为当时全国最年轻的处级干部。[1]

至此，王传福未来的人生轨迹已较为明朗。仕途可以预见：主任、院长，以及更高层次的升迁之路。但是，在体制内部就班地工作，未来的每一步都像是已提前设定好，这样的人生不是王传福想要的。上学期间的想法一直在他的脑海中挥之不去：他不应该只有眼前这一条路，人生有很多的可能性，为什么非要重复别人的人生？

当时的中国，体制内的"铁饭碗"仍是主流就业选择。虽然很多人对体制的僵硬深恶痛绝，但有胆量对体制说"不"的仍是少数。1991年，作家刘震云发表了中篇小说《一地鸡毛》，讲述了踌躇满志的大学生被分配到机关单位，过上了平庸琐碎甚至惶惶如丧家之犬的生活。具有讽刺性的是，小说里的主人公虽然不喜欢体制，但最终也缴械投降，逐渐安于现状，成为了体制的一部分。

---

[1] 《无为英雄》，杨安琪，《财富》（中文版），2020年1/2月刊。

对于王传福来说，除了体制，还有哪些路可走呢？

此时的中国，有两种趋势正在影响着受过教育、思维灵活的知识分子们。

一是出国留学潮。出国留学兴起于二十世纪八十年代，1990 年之后，出国留学成为中国知识分子阶层的"时尚"潮流。此时的王传福也有很多机会出国"镀金"。北京有色金属研究总院就有公派名额，王传福是最年轻的副主任，又有导师支持，出国留学本是顺理成章的选择。但王传福却抵制了这一诱惑，他毅然表示，是中国培养了他，他的根就扎在中国，他必须倾其所能报效祖国。从后来的视角看，或许当时王传福心底就已有这样的想法：国外的东西并不一定比国内的强。

另一个趋势便是即将到来的下海经商潮。1992 年的中国，正在酝酿一场新的变革。这年年初，有"改革开放总设计师"之称的邓小平，乘火车南下，先后到武昌、深圳、珠海和上海视察。他在沿途发表的重要谈话，将改革开放和现代化建设推向新阶段。这次的"南方谈话"，被学界称为"中国现代化的第二次奋进"。"南方谈话"后，深圳经济特区进入了飞速发展阶段，全国各地也掀起了一股学习深圳、赶超深圳的热潮。

我们不知道当时身处北京的王传福，听到南方发生的变化时，是否曾为之兴奋。但是，可以肯定的是，当他一年后亲自南下深圳时，他心里不安分的火苗被点燃了。

1993 年，北京有色金属研究总院成立了深圳比格电池有限公司。王传福是研究电池出身，在北京又取得了出色的工作成绩，自然成为新公司负责人的不二人选。这一年，他出任比格公司总经理，南下深圳。

"说一片繁荣也好，说尘土飞扬也好，说乱哄哄的也好；人很多，一片创新创业的景象。"[1] 王传福如此形容当时的深圳。作为改革开放的前沿阵地，二十世纪九十年代的深圳，市场经济大潮汹涌澎湃，

[1]《【致敬改革开放 40 年 40 人】王传福：竞争与开放》，干群芳，郭有信，《经济观察报》，2018 年 12 月 27 日。

吸引了无数外地人涌入，他们中间的很多人后来都成长为中国民营经济的骨干力量。深圳的一片欣欣向荣，让王传福也心潮澎湃。他已经准备好在深圳大展拳脚，闯荡出一番事业。

然而，事实非他所愿。比格电池有限公司是一家合资企业，并且受到国有体制的限制。王传福虽身为总经理，却在规划企业发展方向、日常的经营管理、人事安排等方面都无法做主。他对于市场发展、企业经营的想法，难以付诸实施。

同时，比格电池所在的充电电池行业，正进入迅猛发展阶段。王传福认为，充电电池是一个充分竞争的行业，对效率的要求极高，如果一家企业不能适应市场的需要，必将被淘汰。

很明显，比格电池公司正是这种效率低下、不能适应市场发展的企业。王传福毅然决定"抛弃"它，另起炉灶。"铁饭碗是很舒服，但是它有很多束缚。你很难有很大的提升。"王传福说。

对于王传福这样好不容易从农村走出的学子来说，辞掉公职、下海经商，无疑是个令人难以置信的决定。首先站出来反对的便是家人，就连早几年从中国人民银行安徽分行辞职下海的表哥吕向阳也提出反对。吕向阳对王传福说："你和我不一样，你是国家干部，工作稳定，也很有前途，为什么非要冒险下海呢？一个决定错了，就可能全盘皆输，到时你可怎么办啊？"[1] 但王传福认为，自己不是一味蛮干。技术方面，他拥有北京有色金属研究总院多年的电池研究经验；企业管理方面，他具备在比格电池公司的实战管理经验。另外，最重要的是，他认为自己对行业发展趋势的判断是精准的。他对吕向阳说："你可以不相信我的判断，但你应该相信电池行业的潜力！"

最终，吕向阳选择相信王传福，并成为王传福下海后最有力的支持者，帮助他走出了一条"自己的路"。

---

[1]　《贫寒少年的科学梦想》，成杰，《王传福传：比亚迪神话》，2010年6月出版，中国华侨出版社。

第三节　创办比亚迪

"最重要的是抓住机会，因为有的时候机会不是很多。"在回忆自己的创业生涯时，王传福如此说。

1994 年，王传福 28 岁时，迎来了改变人生最重要的一次机会。

在此之前的 1987 年，中国市场出现了第一台手机，其型号是摩托罗拉 3200。这款重量级移动终端因其庞大体积和高昂价格，很快被民众冠以"大哥大"的俗称。20 世纪 90 年代，"大哥大"风靡内地。手握"大哥大"，不只是通讯便利，更是身份和实力的象征。而随着手机的热销，手机所用充电电池供不应求。镍镉电池、镍氢电池、锂离子电池等相继成为市场宠儿。当时，一部手机的售价动辄数万元，而手机用充电电池的价格达到几百元，利润颇为丰厚。

长时间以来，全球充电电池市场大部分份额被掌握在日本企业手中。然而，20 世纪 90 年代初，市场格局出现变化，国际性的产业转移开始了。由于担心镉污染问题，日本将以镍镉电池为主的充电电池产业向海外转移。

产业转移为中国企业提供了难得的发展机遇，而王传福是最先感知到这一机遇的中国人之一。

现在看来，一切像是早已命中注定。从大学本科开始，王传福就接触电池。在北京有色金属研究总院读研、工作，他主攻的都是电池。在深圳，他最开始也是在比格电池公司工作。在王传福看来，不抓住这个机会，利用过往所学的知识、所积累的经验，到市场经济中去"实践"一番，岂不是辜负了自己过去28年的人生经历？

然而，创业从来就不是一件容易的事。无论如何，王传福不可能"白手起家"，决定创业的他必须先找到投资人。

王传福首先去找的是著名投资人王干芝，他希望得到王干芝所在的香港汇亚集团的青睐。令人高兴的是，王干芝对王传福表现出了很大兴趣，双方达成协议，以30%股权换取汇亚集团50万美元的风险投资。但遗憾的是，最终，汇亚集团的投资委员会以投资数额太小为由，否决了这项协议。

关键时刻，王传福的表哥吕向阳伸出了援手。

吕向阳1962年出生，1978年进入中国人民银行安徽分行。吕向阳的职业生涯，也像王传福一样颇不寻常。他从一名普通职员，一路升为行长，但却在稳定工作14年后选择下海经商。1992年，吕向阳辞去行长职务，南下广东创业。在纺织业和房地产业打拼一番后，吕向阳积累起了自己的资本。1995年，吕向阳创立了融捷投资控股集团有限公司。

在吕向阳的事业蒸蒸日上时，表弟王传福也步他后尘，下海创业。吕向阳开始并不支持王传福创业，但在王传福向他陈述电池行业的机遇后，吕向阳心动了。最终，吕向阳决定拿出250万元，支持王传福完成自己的梦想。当然，也正是这个决定，让吕向阳此后得以频频出现在各类富豪榜中。2024年的胡润百富榜中，他以1400亿元的身家位居广东富豪榜第二位。

寻找资金支持的同时，王传福着手组建自己的创业团队。

"物以类聚，人以群分"，组成的创业团队中，很多人都像王传福一样。他们不愿意在国有体制内安稳度日，而是希望在市场经济中实现自己的人生价值。

例如，王念强是王传福在中南大学的校友，同时也是他的安徽老乡。大学毕业后，王念强在安徽铜陵有色金属公司研究院任工程师。在得知王传福下海创业后，王念强也毅然辞掉安稳工作，到深圳与王传福并肩作战。

杨龙忠是王传福在中南大学时的同学，两人关系非常要好。从中南大学毕业后，杨龙忠到德兴铜矿从事技术工作。王传福创业时，想到了这个昔日好友，向其抛出"橄榄枝"。结果，杨龙忠也被王传福说服，辞去了国企工作，到深圳参与创办比亚迪。

孙一藻1990年大学毕业，后在江西铜业工作。孙一藻也早已厌倦了国企按部就班的生活。恰巧1994年王传福打来电话，说自己正在创业，需要像孙一藻这样通晓设备和机械制造的人。孙一藻的激情立刻被点燃，几天后就来到深圳加入了王传福的团队。

1994年11月18日，王传福拉起了一支20个人的小团队，在深圳龙岗区布吉镇正式创立了比亚迪。

但实际上，这时他们连营业执照都还没有。直到1995年2月10日，比亚迪才在深圳市工商局正式注册成立。公司性质为有限责任公司，成立时注册资本为450万元。

值得注意的是，比亚迪诞生之初，背后投资人并不只有吕向阳。比亚迪注册时，股东包括深圳冶金矿山联合公司、广州天新科贸实业有限公司和深圳市丽达斯贸易有限公司，各股东均以现金出资。其中，深圳丽达斯由刘军、李金荣夫妇拥有，占比亚迪注册资本的4.50%。不过，数年后由于丽达斯破产，刘军、李金荣夫妇将持有的比亚迪股权卖给了王传福。

广州天新，占比亚迪注册资本的31.10%，吕向阳为该公司的实控人。在广州天新的股权结构中，吕向阳持股67%，吕向阳的妻子张长虹持股17%，王传福持股10%。

另一个股东深圳冶金，是一家全民所有制企业，其占比亚迪注册资本的64.40%。深圳冶金的股东包括广东省深圳冶金工业公司、鞍钢矿山公司、冶金工业部攀枝花冶金矿山公司等国有冶金矿业企业。深圳冶金的主营业务是替各股东企业销售其产品，并帮助他们采购生产设备、仪器、原材料。

作为比亚迪最大的股东，深圳冶金本应在日后比亚迪的崛起中获利。但由于企业经营的调整，深圳冶金在投资比亚迪没多久后就决定退出。正是由于深圳冶金的退出，王传福在财务上的第二个支持者——夏佐全，得以成为比亚迪的股东。

夏佐全1963年出生于湖北襄阳，毕业于北京科技大学，后在保险公司从事财务管理工作。1992年，受"南访谈话"激励，夏佐全辞去稳定的国企工作，从事证券投资业务。1995年，王传福通过吕向阳认识了夏佐全。在听到王传福意气风发地讲述了电池产业巨大的发展前景后，夏佐全决定投资比亚迪。

1997年10月，深圳冶金转让了其在比亚迪的全部股权。受让者包括吕向阳控股的广州融捷投资管理集团，以及王传福和夏佐全。至此，比亚迪三大股东——王传福、吕向阳、夏佐全聚齐。在此后近30年中，"三大股东"的格局保障了比亚迪的稳健发展。

第四节 改造生产线：人 + 夹具 = 机器人

王传福集齐了"天时"——电池产业发展机遇，"地利"——深圳这片创业热土，"人和"——投资人和创业团队。然而，当他踌躇满志，准备大展身手时，却发现第一步迈出去就遇到了阻碍。日本同行筑起的技术壁垒，如一座难以逾越的高山，横亘在王传福面前。

当时，虽然全球电池产业正在从日本向中国和东南亚地区转移，但无论是生产技术还是销售市场，都被日本企业牢牢掌握着。电池产业的"后来者"都要向日本企业学习技术、购买产线。

日本经济在二战后有一个经济高速增长期，因此科技发展水平全球领先，但人工成本很高。在此背景下，日企扬长避短，其电池制造生产线已实现高度自动化。同时，日企也在构筑技术壁垒，抬高行业门槛。在多重因素影响下，日企的自动化镍镉电池生产线价格昂贵，达到数千万元人民币。对于王传福来说，这无异于天文数字。

1995 年加入比亚迪的吴经胜回忆说："比亚迪当年的注册资本仅有 450 万元，由于还有相当一部分技术入股，手头的现金总是十分匮乏，贷款成为难题。我还记得当时王总要求我，'一年能贷来 300 万元就够了'。"

王传福显然拿不出上千万元购买产线。这该如何是好？难道刚刚诞生的比亚迪要就此夭折了？

此时，王传福特立独行的一面又展现出来了。既然像别人一样购买生产线这条路走不通，那就走一条别人没走过的路，用自己的方法"复制"一条生产线。

王传福想到了中国庞大而低价的劳动力资源。到1994年时，中国的人口已达到11.98亿人。从十一届三中全会开始到当时，广袤无际的农村地区进行了深刻的变革，人们从土地的"束缚"中解放出来，向着更有经济活力的城镇流动，劳动力充足而低价。

以充足劳动力为基础，王传福对日本的自动化生产线进行改造，发明出一种高效率低成本的生产模式。

这种模式的核心是用人力代替机器。王传福将日本的自动化生产线分解成若干个环节，将所有环节梳理一遍，能用人力完成的环节都不再使用机器。即使脱离不了机器的环节，也尽量自主研发相关机器设备。如此，一条由机器组成的生产线，被改造成机器与人工相配合的生产线，成本也随之大幅降低。最终，王传福只花费百余万元，就组建出一条镍镉电池生产线。这条生产线每天可以生产4000支电池。在王传福的手里，资本密集型的电池产业，摇身一变，成了半资本密集、半劳动密集的产业。

王传福认为，"他们（日本企业）用200人做的事情，我用2000人来做。这部分成本占的投资比例我们大概只有3%，而他们却是30%。这应该是由我们的生产工艺决定的，只要是人能代替机器的部分，我们就用人来做。"

人类工业文明的发展史，可以看作用机器代替人力的历史。而王传福用人力代替机器，看似是"历史的倒退"，但实际上，也是中国的市场经济在初期发展阶段的必然选择。那个时代，各行各业都有像王传福一样几乎"白手起家"的企业家。他们尚未有资本的积累，只能利用中国廉价的人力资源补充资本的不足。王传福后来也曾在总结自身经验时表示，其成功的要诀，就是人力成本叠加市场优势。

人力的大规模介入，降低了生产线的成本。但是，另一个问题也随之出现。如何解决手工和精细化之间的矛盾？

相对于手工来说，机器最大的优势在于生产的精细化，即保证电池的质量和一致性。而以人力代替机器的生产方式，会出现人为操作产生的误差，难以保障产品的品质。

王传福和他的团队利用夹具解决了这个问题。操作前，先用夹具对加工对象进行固定，再去进行卷绕等手工操作。如此，尽可能消除变量，提高手工操作的精准度。

"人 + 夹具"的生产模式，为比亚迪的市场竞争带来了两大优势。

首先便是"低成本"。这套生产模式的最初目的就是"低成本"，成本的降低使得比亚迪在即将到来的金融危机中所向披靡。而在此后的30年商海浮沉中，王传福又通过各种方式，追求"低成本"。"低成本"成为王传福一直握有的商业竞争法宝。

其次，"人 + 夹具"的生产模式，带来了生产的高灵活性。当一个新的产品推出的时候，原有的生产线只需要做若干关键工序的变更和调整，员工的培训也相应较为简单，员工和生产线都可以快速转到新产品的生产上来。

"人 + 夹具"的模式奠定了王传福此后数次击败竞争对手的基础，但也存在弊端。

弊端之一是其产品的淘汰率偏高。媒体报道称，比亚迪手机电池的淘汰率经常达到两成到三成。例如，当诺基亚向比亚迪下单80万支电池时，比亚迪一般会按照100万支来生产。与之形成鲜明对比的是自动化程度高的日企，其电池淘汰率仅5%。

还有人认为，人工代替机器的模式，只是将设备采购成本分摊成工人工资。即用流动成本替代了固定成本，把进入行业的资金门槛拉低，并不是真的降低了成本。

无论如何，王传福的"人 + 夹具"模式都取得了巨大的成功。这种生产模式，通过降低成本，帮助比亚迪在发展初期打开了市场。1995年，比亚迪的镍镉电池共卖出去3000万块。也是在这一年，比亚迪开始为台湾地区最大的无绳电话制造公司"大霸"供应电池。而在此之前，

"大霸"的电池供应商是日本电池龙头企业三洋。

1997 年，当王传福意图进军锂电池领域时，他的"人工 + 夹具"生产模式再次大显身手。

当时，王传福已通过制造、销售镍镉电池积累起资金，他怀揣 300 万元想到日本购买锂电池生产设备。然而，经过调研，他发现锂电池生产线的报价高达六千万元。

王传福只能放弃购买锂电池生产线的想法，继续用"人工 + 夹具"的模式降低成本。"人海战术"配合上自己研发的生产设备，世界上第一条手工锂离子电池生产线诞生了。

有趣的是，当时大部分公司制造的锂电池都是盒状，但比亚迪的电池却是圆柱形。这是由于，盒状电池的制造必须要有自动化叠片机，并且工序复杂。但柱状电池只需要人力卷起来，省下了很多设备成本。

因此，如果你有幸进入 20 世纪 90 年代的比亚迪电池车间，你会看到这样一幕：大量工人被按组分配在不同的生产环节上，其中大部分以手工的方式作业。在电芯生产环节，一个工人将几个片状材料用手卷起，夹具一夹，一个电芯就做成了。

比亚迪发展初期的生产模式或许显得"低端""粗糙"，但面对市场竞争，它确实管用。尤其是当金融危机来临，其他企业一筹莫展时，王传福利用他发明的生产模式，带领着年轻的比亚迪乘风而起，向着"电池大王"的交椅发起冲击。

第二章

电池大王

得到资本加持后，王传福如虎添翼。此后的几年，他加速扩张，彻底打败了日本电池企业。2007 年，比亚迪成为全球最大的充电电池生产商，王传福也当之无愧地成为"电池大王"。

第一节　金融风暴中寻商机

1997 年，对于整个亚洲来说，都是难以忘怀的一年。

这一年的 7 月，亚洲金融危机爆发。风暴首先从泰国开始，然后席卷亚洲的大部分国家，马来西亚、新加坡、日本、韩国、中国等均受到波及。1997、1998 这两年，亚洲很多地方出现了货币贬值、股市下跌、企业倒闭、工人失业，更严重的地区经济陷入萧条，甚至政局出现混乱。

在亚洲金融危机的冲击下，充电电池市场也遭受重创。危机爆发后，全球电池产品的市场价格暴跌了 20%~40%。日本企业占据着电池产业的核心地位，这场危机令大多数日本电池厂商处于亏损的边缘。

在二战即将结束时，英国首相丘吉尔曾说："永远不要浪费一场危机。"充电电池市场价格暴跌，比亚迪作为产品提供者，亦深受其害。但是，王传福却在这场金融危机中看到了企业发展的机遇。

王传福总结说："成本法宝可使比亚迪面对国际电池市场旺盛需求时赚很多钱。但当市场变冷，其他厂商无利可图时，比亚迪仍然有钱赚。"[1]

比亚迪的"人 + 夹具"生产模式，让其获得了成本优势。这一优势在市场价格暴跌时发挥出威力。彼时，日本企业三洋生产一块锂电池的成本需要 4.9 美元，而比亚迪只需要 1.3 美元。低廉的生产成本让

---

[1]　《电池大王比亚迪》，姜安伦，《新财经》2002 年 9 月号。

其可以承受住市场价格的下降，即使市场价格暴跌 40%，比亚迪仍然有利可图。

拥有如此巨大的成本优势，王传福立即决定扩充产能，趁竞争对手们在亏损边缘挣扎时，抢占市场份额。王传福的"钱袋子"吕向阳对此全力支持，他再次向比亚迪投资 1660 万元，使比亚迪注册资本猛增至 3000 万元。

随后，比亚迪异军突起。在金融危机冲击之下，下游移动电话（手机）、无绳电话、电动工具企业对价格极为敏感，物美价廉的比亚迪电池让他们眼前一亮。当年，比亚迪的订单增长达到了 90%。此后数年，大量下游企业纷纷投来"橄榄枝"。金融危机爆发后的第二年，比亚迪就拿下了全球最大电动玩具制造商 Nikko 的订单，这些订单原本属于日本企业。同年，飞利浦、V-tech 等国际无绳电话行业领军企业相继向比亚迪下达订单。1999 年、2000 年，比亚迪又相继获得了松下、索尼、GE、AT&T 等跨国集团的大额采购合同。到 2000 年时，比亚迪的销售收入已经达到 8.7 亿元，2001 年销售收入增长到 13 亿元。从创立到 2002 年在港交所上市，比亚迪的业绩平均每年都实现了接近 100% 的增长。经过一场金融风暴的洗礼，比亚迪从电池行业的无名小卒，迅速成长为对传统电池巨头形成威胁的"新势力"。

比亚迪实行的营销策略是"大客户营销"，而这其中，最"大"的客户，也是对于王传福和比亚迪来说，最重要的一"役"，是拿下摩托罗拉。

20 世纪的最后二十年，摩托罗拉无疑就是世界通讯之王。1973 年，摩托罗拉的工程师马丁·库珀，站在纽约曼哈顿第六大道，向围观者展示了世界上第一台商用手机。他手持一款型号为摩托罗拉 DynaTAC 8000X 的手机，拨通了竞争对手 AT&T 公司的电话。从此，摩托罗拉开始引领手机产业的发展。1987 年，摩托罗拉进入中国市场。中国正在发生的经济腾飞，和庞大的市场需求，令摩托罗拉赚得盆满钵满。但直到 20 世纪末，摩托罗拉的电池供应商中一直没有中国企业的身影，反而是日本企业三菱和索尼包揽了摩托罗拉的电池供应。

从一开始就瞄准了全球市场的王传福，怎么可能允许这种情况继续下去？要想在世界舞台上站稳脚跟，他必须拿下摩托罗拉这个大客户。

然而，在时任摩托罗拉亚太区总经理的何一鹏看来，此时的比亚迪还难以达到摩托罗拉的要求。何一鹏告诉王传福："摩托罗拉是一家挑剔的公司。"但王传福回应道："我必须做到。"[1]

要成为摩托罗拉的供应商，必须经过其严苛的审核。最初，比亚迪全面引入了摩托罗拉的六西格玛管理体系。摩托罗拉的团队在考察之后认为，比亚迪全是手工生产线，无法用上摩托罗拉的管理体系，很难通过审核认证。他们向总部报告后，没想到摩托罗拉总部却回答，不管是手工还是机器，只要比亚迪制造的产品能够符合摩托罗拉对质量的要求就行。

审核过程中，摩托罗拉的团队发现，比亚迪的电池极片制造流程和他们以往在日本企业看到的不一样。日企制造电池极片是先压片后切片，比亚迪却反其道而行。日企的电池极片会产生毛刺，而比亚迪的生产方法使切片产生的毛刺，在经过压片时变平整了。审核团队亲自上手试验，最终真的得到了光滑的电池极片。他们在吃惊之余，也明白了手工生产自有其优势。

经过对一道道工序的审核，最终比亚迪通过了摩托罗拉的认证。2000 年底，比亚迪成为了第一个为摩托罗拉生产锂电池的中国厂商。获得摩托罗拉的认证，证明了比亚迪的品质和技术水平。更重要的是，摩托罗拉的认证体系在业内出名的严格；通过了摩托罗拉的认证，也就获得了高端市场的通行证。

此后，另一个手机巨头诺基亚也闻声赶来。2000 年 12 月，诺基亚到访比亚迪。和摩托罗拉一样，诺基亚也对比亚迪的手工生产模式充满惊讶和怀疑，对比亚迪的审核也充满波折。比亚迪负责海外市场开

---

[1] 《无为英雄》，杨安琪，《财富》（中文版）2020 年 1/2 月刊。

拓的李柯，需要前往位于芬兰赫尔辛基的诺基亚总部送电池样品。令李柯没有想到的是，在长达一年的时间里，她每个月都要去送一次样品。冬天北欧的白天很短，路上行人很少，李柯经常要一个人开车行驶在漆黑的夜里。"一直不理解他们到底想要什么，我们到底哪里做得不好，他们也不说，真的坚持不下去了。"李柯几近绝望。然而，他们的坚持最终没有白费。2002 年 5 月，比亚迪终于通过审核，拿到了诺基亚的订单，成为诺基亚的第一个中国电池供应商。

到比亚迪准备赴港上市时，其电池产品已经形成了稳定的客户群。在移动电话领域，有摩托罗拉、诺基亚、京瓷、波导、康佳、TCL、中兴等；在无绳电话领域，有伟易达、松下、索尼、飞利浦、步步高等；在电动工具和电动玩具领域，有创科实业、博世、日兴等。正是在稳定、优质的客户群支撑下，王传福得以向日企的电池领导地位发起挑战，摘得"电池大王"桂冠。

第二节 从"镍"到"锂"

　　工程师出身的王传福，从没有放弃对技术进步的追求。因此，比亚迪的崛起之路，也是电池技术不断迭代之路。

　　实际上，从一开始，王传福便清楚地知道，技术实力才是商业竞争的基石。因此，在他初创比亚迪时，选择走一条和别的电池厂商不一样的路径。当时，已经有一些中国企业在从事充电电池的生产。然而，他们采取的模式是，向海外企业采购电芯和其他元件，然后利用中国廉价劳动力组装成充电电池。但这一模式是不可持续的。首先，简单的组装工作技术含量极低，难以形成自己长久的竞争力。其次，上游电芯产业、下游移动电话产业全部在海外，中国企业没有市场话语权。再次，电池组装环节极易被替代，而其利润又被上下游压榨。所以，比亚迪创立伊始，王传福瞄准的是电芯的制造。电芯是整个电池的最核心部件，用来储存和释放电能。电芯制造的技术含量高，同时利润也非常丰厚。

　　充电电池主要分为镍镉电池、镍氢电池、锂离子电池、锂聚合物电池。充电电池的发展历史，也是这四种电池渐次更迭的历史。比亚迪也是在电池技术的更新迭代中发展起来的。

　　镍镉电池是最先商业化应用的充电电池。摩托罗拉1973年研发出的第一部手机，安装的就是六节圆柱形镍镉电池。它的正极是氢氧化亚镍，负极是镉复合物，电解质是氢氧化钾溶液。这种电池的优势在于较为耐用、寿命长、可多次充放电，并且可以在极端温度环境下运作。因此，即使后来镍氢电池和锂离子电池迅速风靡全球，镍镉电池也长期占据着充电电池市场的半壁江山。时至今日，镍镉电池仍没有退出历史舞台。

王传福看准了镍镉电池的发展机遇，从 1995 年开始大量生产镍镉电池。1997 年，王传福又开始"直接出口销售"。到 2000 年，比亚迪的镍镉电池产量的年销售额已经超过了 5 亿元。到 2002 年上市时，比亚迪的镍镉电池产量全球排名第二，年产 3.5 亿支，仅次于日本三洋。制造、销售镍镉电池，为比亚迪的初期发展打下了坚实的基础。

不过，王传福只是赶上了镍镉电池产业"灿烂的黄昏"。20 世纪末，由于自身的缺陷，镍镉电池身处被迭代的风险中。最初的镍镉电池续航能力堪忧，摩托罗拉 DynaTAC 8000X 充电时间要 10 个小时，而好不容易充满的电量，仅通话 30 分钟就会全部被用尽。另一个缺陷是，镍镉电池具有毒性，会产生环境污染问题。王传福最初创业，正是缘于日本对镍镉电池毒性的担忧，而将制造基地向外转移。最致命的一点是，镍镉电池具有"记忆效应"。简单来说，"记忆效应"就是电池会"记得"上一次充放电的电量，并将其误当作自身的实际容量。用户每次给手机充电，都需要完全充满，使用时需要耗尽电量才能继续充电。否则，电池容量就会下降。

为克服镍镉电池的缺陷，镍氢电池应运而生。镍氢电池的正极是氢氧化亚镍，负极是金属氢化物。这种电池具有更高的能量密度，并且可以部分解决"记忆效应"问题。更重要的是，镍氢电池由非毒性金属制成，对环境更加友好。

1997 年，比亚迪开始制造及销售镍氢电池。这一年亚洲金融危机爆发，王传福凭借着低成本优势，不只摆脱了金融危机的负面影响，还使得镍氢电池大卖。这一年，比亚迪镍氢电池对外销售了近 2000 万支，位列全球前七名。2000 年时，比亚迪镍氢电池的销售额已经接近 1 亿元。

与此同时，王传福还盯上了锂离子电池。锂电池在可逆容量、电压、循环性能和能量密度等方面都颇具优势，因而成为市场新宠。1996 年，其销售额在日本等市场就已经赶上了镍镉和镍氢电池。1997 年，全球市场销售额中，锂离子电池首次超过了镍镉和镍氢电池。此后数十年，锂离子电池一直是充电电池领域的"霸主"，再无其他种类电池能挑战其地位。

1996年，比亚迪进入锂离子电池领域。1997年，比亚迪创造了世界上第一条手工锂离子电池生产线。1998年，比亚迪成立子公司"里比电池有限公司"，后将其更名为"比亚迪锂电池有限公司"，专业从事锂电池生产。2000年，比亚迪成为摩托罗拉在中国的第一个锂离子电池供应商。凭借着低成本优势，比亚迪的锂离子电池的营业额逐年增加。到比亚迪在香港上市前，锂离子电池营业额已超过镍镉电池，成为比亚迪最重要的业务。当时的招股书披露，2002年前四个月，比亚迪镍镉电池销售额为2.24亿元，同时间的锂电池销售额已经达到2.97亿元。

在适应市场、不断进行电池技术迭代的同时，追求成本优势也是比亚迪崛起的关键。

"人 + 夹具"生产模式是王传福的成本路线一次成功的亮相。而要将成本路线贯彻到底，"人 + 夹具"生产模式的背后，还要有大量技术研发的支撑。比如，在比亚迪，几乎所有的生产设备都是王传福和比亚迪的工程师们自己研发、制造的。正是由于设备的自研，比亚迪可以更好地控制人工生产模式带来的"误差"，也能更大限度地降低设备成本。

1997年，王传福在比亚迪建立了中央研究部，专门负责基础和前瞻性的研究。同时，他还在每个生产部门成立技术部，用以更快速地根据市场需求改进产品质量、开发新产品。王传福总说："一项重大的工艺变化可以带来10倍的成本变化。"

在镍镉电池生产中，比亚迪的工程师们用镀镍片代替镍片，将每吨的成本从14万元降至1万元。当然，在实际操作中，这不是简单的"代替"就能完成的。用镀镍片代替镍片，会带来新的问题。镍片可以承受得住电池溶液的腐蚀，而镀镍片却没有这个本事。王传福带领技术团队从改良电池溶液的化学成分入手，使电池溶液不再对镀镍片有腐蚀性，可以让镀镍片安全、稳定地发挥效用。

以往日本企业生产电池采取的是全干燥车间。而王传福若要采用成本更低廉的人工生产，就必须保证车间空气湿度较低。深圳湿润的天气和工人呼出的水汽，都让生产环境无法保持干燥。对此，王传福和比亚迪的工程师们独辟蹊径，在配方上想办法，在生产中加入一种能够吸水的药剂，起到干燥的作用。

类似的案例在比亚迪发展过程中层出不穷，王传福似乎对于开发新技术总是充满信心，他说："技术就像一层窗户纸，一捅就破。"他的技术信心，让比亚迪从镍镉电池到镍氢电池，再到锂离子电池，一路所向披靡。到上市时，比亚迪已经可以向市场提供超过百种型号的电池，比亚迪的产能，也达到了可以日产30万支锂离子电池、200万支镍镉和镍氢电池。

第三节 专利之争

当王传福在全球市场纵横捭阖，比亚迪强势崛起时，他已经威胁到了电池行业原有"霸主"的地位。一场新旧"电池大王"之间的对决悄然展开。

"比亚迪的电池不能说比日本电池好，但也没有多差。"一位分析师曾这样评价比亚迪的电池。他认为，比亚迪电池在质量上与日企持平，那么价格优势就成了市场竞争的关键。[1]

经历了亚洲金融危机，比亚迪携成本优势全面赶超日本企业。2000年，比亚迪各类电池交货量排名均位居全球前列。其中，镍镉、镍氢、锂离子电池交货量，已经分别达到第三、第五、第八名。到2001年，比亚迪排名继续上升，三种电池交货量分别排在第二、第三、第四。而在中国市场，比亚迪这三种电池的排名均为第一。若以应用场景来划分，比亚迪在各细分市场均占据重要份额：在电动工具领域市场份额达到了三成，玩具领域将近四成，手机领域也有近三成。而在无绳电话领域，比亚迪已经占据了四分之三的市场份额。[2]2002年，比亚迪又计划赴香港联交所上市。若再获得资本市场的支持，比亚迪必将以更强劲的势头重塑电池市场格局。

---

[1]《无为英雄》，杨安琪，《财富》（中文版）2020年1/2月刊。

[2]《比亚迪传奇》，若愚，《深圳特区科技》2002年05期。

此时的充电电池市场，日本制造企业仍占据着绝大部分市场份额。2001年，全球充电电池市场中日本企业市占率达到79%。以比亚迪为首的一众中国企业来势汹汹，令三洋、索尼等日本企业惶惶不安。在比亚迪之后，天津力神、欣旺达、邦凯等中国电池企业也在崛起。虽然他们的规模和比亚迪相差甚远，但凭借高超的成本控制能力和中国的低价劳动力，他们也成为日本企业的潜在竞争对手。

不过，对于日本企业来说，最急需应对的就是比亚迪。如果把比亚迪取代三洋、成为大霸的供应商看作比亚迪向日本企业充电电池地位发起的第一次冲击，那么，比亚迪成为摩托罗拉的锂电池供应商，就是日本企业失掉充电电池市场主导地位的前兆。当时，摩托罗拉将全球三成以上的手机电池生产业务都交给了比亚迪。到2002年时，摩托罗拉手机部新闻发言人表示："目前，摩托罗拉在中国电池的采购量已约占其总量的95%。这主要是因为中国厂商引进了国外先进的经营理念，很多中国厂商生产的电池产品质量得到了很大的提高，而且价格要优于日本产品。"[1]此前，摩托罗拉的最大电池供应商，是日本的东芝和松下。这两家企业在亚洲金融危机时已经损失惨重，出货量大幅减少。现在又被比亚迪和其他中国企业抢走订单，此后再难在充电电池领域与比亚迪抗衡。

而真正的"战争"，首先出现在比亚迪与电池龙头三洋之间。2001年，全球镍镉电池产量排名中，比亚迪获得亚军，而三洋蝉联冠军。不过，两者的差距仅有20%左右。2002年，三洋和比亚迪的专利之战开始之前，王传福豪迈地说道："三年之内我们将取代三洋，成为电池产业的全球老大。"[2]

---

[1] 《国产手机电池雄起》，郑小兰，《证券时报》2002年9月8日第005版。

[2] 《比亚迪让"日本制造"饱尝危机》，周一，《中国企业家》2002年第10期。

三洋没有坐以待毙，而是率先拿起专利武器，向比亚迪"宣战"。2002 年 9 月，专利战首先在美国打响。三洋向加利福尼亚州南区联邦地方法院提起诉讼，称比亚迪侵犯了自己的电池专利。三洋所称的电池专利包括了手机和笔记本电脑所用的锂离子电池。三洋向法院提出要求，希望法院能禁止比亚迪把自己的锂电池卖到美国，并且需要比亚迪赔偿其损失。

美国是全球最大的充电电池消费市场，一旦被禁止在美国销售电池，比亚迪将损失惨重。因此，三洋起诉仅 10 天后，比亚迪就发布公告称将积极抗辩。当时，很多中国企业都在海外贸易中遭遇专利权诉讼案。由于缺乏核心技术，以及没有知识产权保护意识，中国企业一直是以被告的身份出现在法庭，并且很难胜诉。比亚迪"积极应诉"的勇气令舆论为之振奋，然而要想赢得诉讼的最终胜利，着实不易。

不过，在比亚迪的法律团队攻坚努力下，还是找到了胜诉的可能。比亚迪发现，诉讼所涉电池专利，早在三洋申请专利之前，就已存在很多相近的专利。换句话说，三洋的专利只是一种"改进专利"。比亚迪据此向法院提出，其并未侵犯三洋的专利，并且，比亚迪还向三洋提出了反索赔。

此后，双方的应诉及反诉进行了足足两年多。或许三洋已经感觉到胜诉无望，最终在 2005 年 2 月，主动与比亚迪达成了和解。三洋撤销了专利诉讼，比亚迪也撤销了向三洋提出的反索赔。表面上双方握手言和，实际上是宣告了三洋专利"狙击"的失败，比亚迪挑战旧有市场格局的胜利。

几乎同时，另一家日本电池巨头也对比亚迪发起了专利"狙击"。

2002 年 10 月，索尼在一场名为"CEATEC JAPAN 2002"的展会上，盯上了比亚迪，他们认为比亚迪展出的锂离子电池涉嫌侵权。2003 年 7 月，紧随三洋的脚步，索尼也将比亚迪告上法庭。不过，索尼没有在美国提起诉讼，而是选择了本土的法院——日本东京地方法院。索尼向法院提起诉讼，称比亚迪侵犯其两项电池专利，要求禁止比亚迪将其生产的锂离子电池出口到日本。

对比亚迪来说，日本市场是仅次于美欧的最主要海外市场。像应诉三洋一样，比亚迪也积极投身到与索尼的专利诉讼中。2003 年 10 月，在比亚迪知识产权与法律部经理黄章辉的带领下，其律师团向东京地方裁判所递交答辩书，否认侵权。黄章辉等人还同时向日本专利局提起索尼专利无效宣告请求。2005 年 1 月，日本特许厅裁定，涉案相关专利无效。两个月后，索尼不服裁定，向日本知识产权高等裁判所上诉。又过了八个月，日本知识产权高等裁判所驳回了索尼的上诉请求。无奈之下，索尼只能撤诉。

黄章辉在两起诉讼结束后曾总结道，"专利技术并不是神话，企业技术创新，大多都需要面对现有的技术进行突破。创新完全可以在现有专利技术基础之上进行。关键是企业要对专利技术了如指掌，抓住关键点。"[1]

实际上，早在三洋向比亚迪发起诉讼前，比亚迪便已在知识产权保护方面做好了准备。2001 年，比亚迪在内部设立了知识产权与法律部。该部门将精力集中于专利申请、保护、法律纠纷处理等事务。比亚迪每年投入大量人力、物力用于知识产权保护。资金方面，每年都不少于 5000 万元。自 1999 年之后，比亚迪在全球范围内申请的专利数平均每年增长达到 195%。

或许，在王传福的早期规划中，早已想到了会与日本企业有一场专利之争。

---

[1]　《比亚迪三洋案启示：站在对手肩头不一定是神话》，麻玉秀，《中国经营报》2006 年 1 月 7 日。

第四节 赴港上市

21 世纪初，王传福正全力以赴冲击他人生中的第一个"巅峰"。2001 年，比亚迪的营业额达到了 13 亿元。2002 年上市前，比亚迪的员工总数约 15400 人，比亚迪的锂离子电池的生产能力约 30 万支／日，镍镉电池和镍氢电池的生产能力约 200 万支／日。[1]

虽然离"电池大王"的宝座只在咫尺之间，但在外界的眼中，王传福和当年任职北京有色金属研究总院时期，没什么区别。他仍然像一个技术专家一样，喜欢"闷头"研究技术课题，很少和媒体接触。他管理的企业也和他一样，稳重、务实，一切以技术和人才优先。李柯后来回忆说，在 1996 年，王传福就舍得以 7000 元的月基本工资招聘硕士、博士。但当李柯所在市场部门加班到很晚，需要乘出租车回家时，却要为报销车费写两页的报告。

这一时期，比亚迪另一个显著的特点是团队的稳定。尤其是高层离职较少，他们以王传福为核心，形成了稳定的企业决策和管理层。比亚迪的董事会中，一度只有王传福、吕向阳、夏佐全三人。直到要赴港上市，才又加入两名独立非执行董事，其中一位是王传福昔日的恩师李国勋。

身处比亚迪高管层级的李维认为："高层的稳定使比亚迪可以延

---

[1] 《比亚迪股份有限公司招股说明书》，2002 年 7 月 22 日，https://www.doc88.com/p-977394161358.html。

续自己的发展思路,避免了人为的障碍。"[1]李维与王传福是中南大学的同学,1997年博士毕业后受邀来到比亚迪,到比亚迪上市前,他已成为比亚迪的总工程师。

有了"稳定"的管理团队,王传福可以全身心投入到企业经营与发展中。一方面,他与日本企业"短兵相接","电池大王"的位置已触手可及。另一方面,王传福开始筹划"百尺竿头,更进一步"。

而上市融资,成为王传福和比亚迪"更进一步"必须要闯过的一关。只有得到资本市场的认可,比亚迪才能坐稳电池龙头的宝座;也只有获得更多的资金支持,王传福才能将比亚迪推向更高的"山峰"。

早在1998年,比亚迪在充电电池市场初露锋芒之际,曾经在香港风头无两的投资银行百富勤,就找到王传福,希望承办比亚迪在香港的上市事宜。到2001年,双方开始就上市进行实质性谈判,百富勤正式成为比亚迪香港上市的承销商。比亚迪上市进程开始加速。

首先,为把比亚迪改造成符合上市要求的股份公司,王传福进行了一系列资本操作,引入管理层持股。到发行H股之前,比亚迪股权结构调整为王传福持股38.505%,管理层持股22.622%,吕向阳持股16.142%,广州融捷持股11.487%。

然而,就在王传福积极准备上市事宜时,资本市场的环境却发生了变化。2000年,互联网泡沫开始破裂。受此影响,到2002年夏天时,全球资本市场都被阴霾笼罩,投资者的信心一点点消散。全球资本市场惊慌不安,道琼斯指数下挫了20%,在香港上市的中银香港和长江生命两只股票都跌破了发行价。

在这样的环境下,比亚迪的上市也备受投资者质疑。不过,也有人对比亚迪翘首以待。来自日本的基金经理人小川将,本来是日本电池企业的忠实投资者。当了解到日本企业的最大竞争对手是中国的比

---

[1] 《电池大王比亚迪》,姜安伦,《新财经》2002年9月号。

亚迪时，小川将就对比亚迪充满向往，盼望有朝一日可以投资比亚迪。终于，在 2002 年，他的愿望实现了。

2002 年 7 月 31 日，比亚迪以 10.95 港元的高价发行成功。当时共有 54 只已发行 H 股，而比亚迪成为了这 54 只 H 股中发行价最高的公司。比亚迪发行的股票中，10% 面向散户，90% 面向机构投资者。最终，面向散户部分竟然获得了 2.4 倍超额认购。更令人没有想到的是，面向机构投资者的部分获得的超额认购达到了 7 倍。最终，比亚迪成功在香港募资 16 亿港元。并且，上市首日，比亚迪收盘价就较发行价上扬了 11.42%。在当时万马齐喑的资本市场，比亚迪创造了一个"奇迹"。

王传福后来表示，正是由于 2002 年在香港主板发行成功，募资 16 亿港元，使其有资金实力可以"两条腿走路"，不只卖电池产品，更可以自由地去兼并、收购，才有了后来比亚迪在汽车业的成功。

得到资本加持后，王传福如虎添翼。此后的几年，他加速扩张，彻底打败了日本电池企业。2007 年，比亚迪成为全球最大的充电电池生产商，王传福也当之无愧地成为"电池大王"。

然而，早在"登顶"之前，王传福就已感到充电电池行业门槛太低，市场份额有限。他早就开始思考，成为"电池大王"后，自己和比亚迪将走向何方？

站在 2002 年的时间节点，手握刚募集到的 16 亿港币，王传福已经在心里谋划好了方向。

从当时赴港上市的招股说明书中，我们就可以看到王传福的"野心"。在描述未来时，王传福列举了正计划发展的五个主要项目："一是，扩大生产能力和研究及开发锂离子电池（具体包括方形和圆柱形电池）及锂聚合物有关的电池和产品；二是，开发及制造用于生产锂离子电池的化合物；三是，研究、开发及制造电动汽车用二次充电电池，包括供纯电动汽车（PEV）、混合动力电动汽车（HEV）及供电动自行车用的电池；四是，研究、开发及制造燃料电池及太阳能电池；五是，研究、开发及制造移动电话的显示屏产品，包括单色和彩色 STN 液晶显示屏及模组。"

从这五个主要项目，我们能看出王传福此刻的想法。首先，他要加速走完在充电电池领域的"称王"之路。其次，他试图加强"垂直整合"的策略，以进一步降低制造成本，这一点在此后愈发明显。再次，也是最为关键的，他要跳出充电电池领域，寻找新的"战场"。

21世纪之初，无论是电动汽车电池，还是太阳能电池，商业化的"曙光"都未出现，此时的王传福竟然已经开始畅想走这两条路了。再加上五个项目中最后一项——手机显示屏及模组，王传福已经默默在心中规划出了多个发展方向。此后，由数个产业板块共同绘就的"比亚迪未来图景"徐徐展开。

第三章

跨界造车

　　王传福后来感叹道："当时面对外界质疑，我们想的不是要不要干的问题，而是怎么干的问题，我们已经看好汽车的产业前景，下半辈子就要干汽车了。"王传福最终将汽车产业经营得风生水起，投资者也从中受益。如今回首往事，没人会再指责他的鲁莽。

第一节 力排众议，收购秦川

"如果你不放弃收购，我明天就把你所有的股票都抛了。"2003年1月，王传福遭遇了创业以来最严重的"信任危机"。他频繁接到来自香港的基金经理们的电话，用质疑甚至威胁的口吻质问他，要求他放弃自己的战略规划。

在此之前，即2002年7月31日，王传福领导的比亚迪成功在香港交易所发行上市，王传福本人也跻身《财富》中国内地富豪排名第41位，成为投资者眼里耀眼的"明星"。然而，仅仅半年时间，王传福却"失宠"了。

这件事缘于比亚迪的一份公告。2003年1月22日，比亚迪发布公告，宣布收购秦川汽车。此次收购共耗资2.69亿元，获得77%的股份。王传福坚信这是一个千载难逢的机遇，但大部分投资者和关心比亚迪发展的人，却无法理解他的发展策略。投资者眼中看到的是：一家专注充电电池产业的民营公司，此前完全没有汽车制造的相关经验，现在却突然宣布跨界收购一家位于陕西的国营汽车制造企业。

得知消息的香港投资者先是错愕不已，然后便愤怒起来。1月23日开盘，比亚迪股价大跌，当日累计跌幅达到19.72%。王传福的手机被基金经理们的来电"挤爆"，有人直接以抛售股票相威胁。

不只外界无法理解他，连他的"得力干将"们都觉得他的想法过于疯狂。

彼时正在电池事业部从事财务工作的夏治冰就是其中之一。其后来还成为比亚迪汽车销售有限公司总经理，在比亚迪的"退网风波"中被推上风口浪尖。而在王传福的"汽车战略"实施中，夏治冰被委以重任。王传福派他首先前往秦川汽车进行资产盘点。但其实，一开始，夏治冰就是一个坚定的"反对者"。夏治冰后来对媒体表示，他当时认为收购秦川风险过大。比亚迪已经在电池领域"称王"，与诺基亚、摩托罗拉等全球顶尖企业平起平坐，没有必要进入汽车这样一个全新的行业。夏治冰说，"汽车行业前面有欧美日韩那么多优秀的对手，心里有一种莫名的恐惧，直到收购秦川的最后一刻，我都在劝王总放弃。"[1]

也无怪乎人们无法理解他的决定，因为就在半年前比亚迪上市时，没有任何信息显示这家公司将要转向一个陌生的行业。当时的招股说明书中列举了一系列比亚迪"未来"项目，其中除了传统的消费类充电电池，王传福还计划进军多个颇具挑战性和科技感的领域——从用在电动汽车上的充电电池到燃料电池，从太阳能电池到手机显示屏。然而，当时的规划中并没有汽车，无论是燃油汽车还是电动汽车都没有。

王传福的举动看似出人意料，然而，细细想来，又都在情理之中。

为何造车？王传福自己的解释是，早在造车之前，他便对电动汽车的未来前景充满期待。而当时的电动汽车产业几乎一片空白，想要造电动汽车，王传福必须知道如何造燃油车。因此，生产燃油车，成为比亚迪向电动汽车制造转型的过渡阶段。

他的解释无法让基金经理们信服。在基金经理们眼中，收购秦川汽车是一个赔本的生意。2001 年，秦川汽车净利润亏损达 996 万元。2002 年，秦川汽车虽然没有进一步亏损，但净利润只有不足 80 万元，仍在亏损边缘徘徊。并且，秦川汽车当时所欠外债已经高达 3.4 亿元，远远高于净利润。此外，其设备使用率也只有 34%，大量产能闲置。

---

[1]《王传福"技术派"的力量》，刘涛，《中国企业家》，2007 年第 22 期。

而王传福所说的电动汽车产业化，在当时仍是"空中楼阁"。他的想法过于超前。如果电动汽车的产业化迟迟不来，比亚迪又该怎么办？

当时，毕博管理咨询公司的并购分析师这样评价："这是一个典型的机会主义收购，秦川汽车与其主业电池制造之间的即时协同效应并不明显。"[1]

不过，王传福是一个深谋远虑的企业家。他的特立独行背后，是自己对商业逻辑的谙熟。即使电动汽车产业化最后变成一个"伪命题"，他也不怕。他的底气来源于，在他的"算盘"中，收购秦川的收益远大于成本：一是在21世纪初的中国，汽车产业有着广阔的市场空间；二是秦川汽车拥有汽车的"准生证"——整车生产目录，这在当时是一个稀缺的资源。

1993年2月，财政部发文，取消了购置轿车的控购审批。紧接着第二年的7月，国务院公布了我国第一个《汽车工业产业政策》，鲜明提出"国家鼓励个人购买汽车"。2001年，《国民经济和社会发展十五计划纲要》发布，"轿车进入家庭"首次被写入"五年规划"。2003年，我国的轿车市场同比增速接近80%，轿车销量净增近百万辆。[2]

同时，全国范围内掀起了一股"民企造车运动"。1997年，吉利集团在没有取得整车生产目录的情况下，率先进入汽车业。此后，充满冒险精神的民营企业家纷纷入场。奥克斯、波导、美的、力帆、科龙等陆续跨界造车。

但汽车制造业是有进入门槛的，最大的门槛是需要有整车生产目录。在大量企业跨界造车的背景下，从主管部门申请整车生产目录变

［1］ 《比亚迪遭遇并购之累》，周一，《中国企业家》，2003年第4期。
［2］ 《由限购到限行 轿车进入中国家庭的15年》，https://auto.ifeng.com/roll/20091118/153502.shtml。

得非常困难，整车生产目录由此成为稀缺资源。王传福之所以选择收购秦川汽车，其整车生产目录是非常重要的影响因素。当然，这一点不只被王传福看到。就在比亚迪收购秦川汽车之前，陕西另一家著名的国有汽车企业陕西汽车集团公司，刚刚被民营企业湘火炬收入囊中。

2002年10月，王传福第一次到秦川汽车考察。11月，秦川汽车的母公司陕西省投资集团派高层到比亚迪考察。两个多月后的2003年1月22日，比亚迪分别与陕投集团和秦川机械厂签订协议。比亚迪以1.995亿元收购陕投集团持有的秦川汽车57%股权，以0.7亿元收购秦川机械厂持有的20%股权。比亚迪共购得秦川汽车77%的股权，正式入主秦川。

王传福后来感叹道："当时面对外界质疑，我们想的不是要不要干的问题，而是怎么干的问题，我们已经看好汽车的产业前景，下半辈子就要干汽车了。"王传福最终将汽车产业经营得风生水起，投资者也从中受益。如今回首往事，没人会再指责他的鲁莽。我们不得不佩服他的战略决断力和前瞻眼光。

第二节 封存"316"

王传福对电动汽车朝思暮想，并为此"拿下"秦川汽车。但他很快发现，电动汽车商业化之前，要想在汽车业拥有一席之地，必须在"传统"燃油车市场有所建树。因此，收购秦川汽车后，王传福并没有急于将精力都投入到制造电动汽车中去，而是走上了开发燃油车之路。

2003年10月，王传福在西安高新区拿下一块1500亩的土地，作为他的汽车生产基地，开始了轰轰烈烈的跨界造车。

实际上，早在比亚迪赴港上市之前，王传福便开始了造车的准备。他买来大量专业书籍，努力让自己成为一个"专家"。据说他的办公室中满是汽车技术方面的书籍和汽车模型。出差到外地，忙完既定工作后，他还会到当地旧书市场逛逛，捧回一堆汽车技术方面的书籍。2002年的一天，比亚迪电池产业的核心技术人员毛德和被王传福叫去。当他以为老板要和他讨论电池技术问题时，王传福却让他掀开一辆赛欧汽车的车盖，并问道："汽车变速箱的原理是什么？"

王传福对汽车技术求知若渴，不过，他的这点汽车知识只能算是略窥门径。2003年收购秦川后，王传福急需为他的汽车事业寻找一位真正的技术大咖，这人就是廉玉波。廉玉波当时已在汽车界小有名气，后来成为比亚迪的首席科学家。在第一次见面时，廉玉波问王传福："你懂汽车吗？"但当时王传福连开车都不会，他只能回答"我看了很多书"。

虽然王传福渴求技术，但他似乎并不执着于让自己成为技术专家。

他公开表示，汽车不过是"一堆钢铁"，造车很简单。王传福说："虽然我们没做过汽车，但我们深知制造业的奥妙，知道制造业从产品开发、生产到售后服务的全过程。"

他还从财务方面进行一番分析，以此坚定自己挺进汽车产业的信心。"汽车的利润率并不高。但行业和行业不一样。比如做电池，应收账款很多。要做20亿的生意，要花6到8个亿。汽车不一样，应收款为零，都是现款提货，想做20亿的话，只要拿1个亿就可以了。当然，产品开发和四大工艺线都要先期投入。另外，汽车的装配很快，回款很快，而且配套材料付款一般是滞后的，因此汽车行业的现金流非常好，可以做得很大。"[1]

然而，从一开始，比亚迪的汽车业务就不是一帆风顺。

实际上，在王传福宣布进军汽车产业后，中国的"造车热"就开始退潮了。随着民企的蜂拥而入，汽车市场的竞争越来越残酷。造车曾经被认为利润丰厚，而到2003年，生存的起点越来越高。波导、夏新、奥克斯等企业，陆续退出了这一行业。

充满乐观情绪的王传福，在初入汽车行业时才发现，在激烈的市场竞争中，要推出被市场认可的产品并不容易。

秦川汽车此前有一款名为"福莱尔"的轿车，曾在市场上取得了短暂的成功。但比亚迪入主秦川汽车后，汽车板块的亏损仍在持续扩大。王传福急需推出新款汽车来提升业绩、强化团队信心。

在此背景下，比亚迪投入2亿元研发经费，由廉玉波带领团队开发新款汽车。终于在2004年4月，比亚迪推出了一款经济型轿车，内部代号为"316"。

对于"316"，王传福充满期待，但现实却让他的期待落空了。王传福召集各地的汽车经销商，希望收集大家的意见，为新车上市做准备。

---

[1]《车坛新人——王传福》，邬建军，《中国汽车报》，2003年2月25日。

然而，经销商们在看到"316"后，都对其设计大失所望，甚至直接说"这款车太丑"，大部分经销商都选择转身走掉。

作为"电池大王"的王传福，在充电电池领域所向披靡，几无对手。他满怀壮志地进军汽车行业，以为可以在这里创造更傲人的成绩，像在电池领域一样，成为汽车界的"大王"。但现在却被市场当头棒喝将其"叫醒"——原来，他只是汽车圈里一个普普通通的"新生"，他还有更多的路需要去走，有更多的挫折需要去经历。

"316"被经销商打了"差评"，王传福该怎么办？是继续坚持让"316"上市，还是放弃它，开发新款车型？如果让"316"上市，可能业绩惨淡，比亚迪的汽车品牌也将受损；但如果放弃"316"，2亿元研发经费和工程师们的长久努力就都白费了。

作为一个企业家，不能执着于眼前的短期利益，而要为整个企业的长远发展打算。经过一番深思熟虑后，王传福最终拍板决定，"316"终止上市，将其封存，另行开发受市场欢迎的产品。

但要开发一款新产品，除了人员和经费，还需要投入大量时间。并且，没人清楚究竟多长时间才能开发出令人满意的产品。而在这个漫长的等待过程中，王传福必须经受住来自各方面的压力。

自从2003年初跨界进入汽车业后，比亚迪员工和投资者便都在紧紧盯着王传福，看他到底能在这个陌生的行业掀起什么风浪。但直到2005年，王传福什么成果都没有拿出来，反而汽车业务正在拖累比亚迪业绩。2005年上半年，比亚迪的汽车及相关产品亏损超过7000万元。比亚迪汽车的亏损，一部分原因是汽车行业的激烈竞争导致价格下降；另一部分原因是比亚迪迟迟没有拿出新型号的汽车产品，所有收益都来自旧型号汽车的销售，而研发新型号汽车的成本却在增加。

不过，压力越大，王传福越清楚，比亚迪要想在汽车市场上站住脚，必须拿出过硬的产品。

经历了"316"的惨败，王传福和比亚迪的工程师们开始重新审视自己的开发理念，到底什么样的产品能让自己在汽车市场站住脚？答案就是消费者喜闻乐见的产品。由此，他们将新产品定位在 1.6L 排量的中级轿车，价格也较低，在 7 万—10 万元之间。而设计车型时，他们没有像 "316" 一样最后才找人来提意见，而是在纸面造型、油泥模型、手版车、实车 4 个环节，都请消费者和合作伙伴提意见，随时更改设计。

最终，2005 年，比亚迪 F3 横空出世，"316" 失败留下的 "阴霾" 被一扫而空，比亚迪开始真正在汽车行业有了一席之地。

第三节 F3：中国版"丰田"

2005 年，对王传福来说，是决定其是否能留在汽车行业的关键一年。这一年的 9 月 22 日，比亚迪 F3 在山东济南举行了全国首站上市发布会。

王传福没有亲临发布会现场，但时任比亚迪汽车销售公司总经理的夏治冰向他电话汇报了一切。在发布会之前，他们都忐忑不安，害怕重蹈"316"的覆辙。但当夏治冰掀开 F3 的神秘面纱时，他们的担心显得多余了。现场观众被 F3 的设计所惊艳，一拥而上围住这款车，导致原先准备好的演出也无法进行。

F3 上市之后，战绩斐然。到 2006 年第一季度，F3 夺得数个"冠军"：产量增长超过 10 倍，成为全国产量增幅冠军；销量增长接近 9 倍，夺得销量增幅冠军；以超过万辆的成绩夺得全国单品中级家轿销量冠军。此外，F3 的月销量直追当时最畅销车型之一的丰田花冠。到 2006 年上半年，F3 的月销量已经突破 6000 台，而此时花冠的月销量为 8000 台。[1]2006 年全年，比亚迪仅靠 F3 这一款车型，就使其汽车销量突破 6 万辆。

F3 对比亚迪业绩的贡献也是显著的。2004 年，在比亚迪的营业额中，电池业务占比 79%，汽车业务占比 6%。但到了 F3 上市的 2005 年，

---

[1]　《利润换市场 比亚迪转身》，章小星，《中国经济时报》，2006 年 5 月 31 日。

电池业务占比下降到59%，汽车业务占比上升到10%。

F3的成功有多方面的原因。其中一方面是外观。F3被质疑与丰田花冠太像，被称作中国版"丰田"。

但王传福有另一番解释。他表示，他给F3的用户群体定位，就是想要日本车的品质，但无力承担高昂价格的人。

F3的市场价格为7万余元，如此低价确实击破了很多消费者的心理防线。并且，因为像极了丰田花冠，F3给消费者营造了一种熟悉感。虽然没有自己的特点，但却让人觉得似曾相识。对于普通中国人来说，花7万元人民币，享受丰田花冠的待遇，确实有足够的吸引力。

另一个不得不提的，是F3的销售策略。王传福称之为"分时分站"销售策略，即分时段分区域地在全国搞巡回上市，也可称之为"精准营销法"。此前，作为一个汽车"新人"，比亚迪没有成型的经销网络，无法使新产品在全国范围内同步上市。比亚迪市场推广团队也刚刚组建不久，没有成熟的营销经验，还无法承担起向全国推广的重任。因此，为了在竞争激烈的汽车市场中实现营销效率最大化，比亚迪被迫试验了汽车行业从未有过的上市方案——巡回上市，即不在全国范围内同时发布新产品，而是将全国划分为若干个区域，然后按顺序先后在每个区域单独发布新产品，并举行产品上市仪式。

全国巡回上市的优点，在于比亚迪可以灵活选择自己竞争优势更大的地区作为主攻市场。这样的地区可能是竞争对手没有重点关注，而给比亚迪留下较多市场空白的地区，也可能是临近比亚迪生产基地的地区。而在F3上市时，王传福选择的首个上市地区是山东。究其原因，首先，山东的汽车市场的容量在全国位列前五，有较大的市场开发潜力。其次，相比一线城市，山东并没有受到头部汽车厂商的足够重视，是他们市场开发的薄弱环节，比亚迪可以趁此机会全力攻占这一市场，在山东这个局部市场取得优势。再次，山东与比亚迪的汽车生产基地西安之间的距离并不太远，运输成本相对较低。

除了"分时分站"全国巡回上市，比亚迪还在汽车营销中妙计百出。

据说，他们曾在卖出的每一辆车的车尾贴上经销商的联系电话。汽车营销的负责人夏治冰把比亚迪的巡回上市比作"运动战"，而具体的营销方法则如"地雷战"。在天津，他们的"布雷"方式是精心选择F3的首批买主，使这首批车辆的行驶路线尽可能覆盖整座城市。如此，每一辆跑在天津城市街道上的比亚迪汽车，都是比亚迪的流动广告。[1]

比亚迪F3取得成功后，王传福乘胜追击，全力推进他的造车事业。除了西安基地外，他又在深圳建了一个汽车生产基地。2007年，比亚迪坪山基地在深圳龙岗竣工。据说，为建设这个基地王传福总共花费了40余亿元，改造了周围30多个山头，和120多个鱼塘，仅挖出的废土就有750万立方米。建成的坪山基地占地180万平方米，除了56座制造工厂外，还配有发电厂，基地内的雇员有数万人。比亚迪推出的第二款车型F6就是在这个基地生产的。F6的生产线从2006年9月开工建设，到2007年8月基地落成，F6也投产下线，用时不到1年。

F6是比亚迪首款中高级车型，因其形似丰田的另一款畅销车型凯美瑞，被大众称为"中国凯美瑞"。2008年11月，F6出现在广州车展，赢得广泛赞誉。F6获得了"中国年度新车""年度最受关注新车""自主品牌年度最值得期待新车"等多个称号。同时，比亚迪的高端车型F8问世。这是一款"硬顶敞篷轿跑"。它的硬顶开合依靠电子控制、液压动力来完成，过程平稳、流畅。这一技术在当时，除了比亚迪，只有少数跨国车企掌握。

F3等型号汽车的陆续上市，让比亚迪汽车的市场影响力越来越大。到2009年，连西安街头的出租车都已经换成了比亚迪汽车。只F3一款车型，在2009年，销售量就达到了30万辆，F3因此成为2009年中国最畅销的汽车。

比亚迪在汽车行业的崛起，让王传福被同行又爱又恨。他被外界

---

[1] 《比亚迪F3: 袋鼠快跑》，宁平，《中国经营报》，2007年4月23日。

呼作"汽车狂人""技术狂人""入侵者""颠覆者"……王传福本人此时志得意满，面对质疑，他反而更高调地宣称，到 2025 年，比亚迪的汽车销售要突破 1000 万辆。届时，比亚迪将超越丰田成为全球最大的汽车制造企业。

第四节 造车密钥：逆向研发

如果你在 2003 年后造访比亚迪上海公司，你很有可能会看到这样的一幕：一辆崭新的奔驰汽车，挂着"试"字车牌，但它却被拆得四分五裂，而汽车旁站着一群满手油污的比亚迪员工。

不要以为这些比亚迪员工无所事事，在搞破坏。其实，这只是比亚迪普通的一次产品研发场景，通过拆解汽车，学习其中的技术和设计，然后应用到新型汽车中。

比亚迪的 F3 被认为是丰田花冠的"模仿者"，比亚迪内部用另一个词语来形容这种产品研发模式——"逆向研发"。

关于"逆向研发"，最被比亚迪人津津乐道的故事就是"拆车"。在上海，王传福买下一块 700 多亩的土地，建起 8 个汽车实验车间。王传福把这里当作其汽车产业的技术"根基"，在此成立了比亚迪汽车工程研究院。很多"拆车"的故事都发生在这里。

据说，王传福本人经常更换座驾，因为他总是一声令下就让员工们把自己的汽车拆得七零八碎。刚刚进入比亚迪的工程师往往对此目瞪口呆，以他们的工资水平，可不敢对价值近百万的奔驰汽车下手。有时，为了消除员工的疑虑，王传福需要亲自上场，用自己的车钥匙把车身划出数道印子，以此告诉员工，汽车已经报废，不用担心赔偿。

王传福完全颠覆了以往的造车观念，他认为，汽车业的任何研发都要站在别人的肩膀上，比亚迪更不可能从零开始。

F3 的横空出世，也源自"逆向研发"策略。当时，王传福买来了两辆海外的畅销车型——丰田卡罗拉（即花冠），然后要求他的技术团队将车拆掉，在拆卸的过程中学习对方的技术和设计。

一旦自己的竞争对手有新产品上市，王传福立刻将它们买回来，交由比亚迪的技术团队进行拆解分析。每年，通过大量的汽车拆解，比亚迪的技术人员不断学习竞争对手的技术。对于某项技术，别人有专利就规避掉，别人没专利就拿来用。比亚迪大量采用非专利技术，并在此基础上迅速建立自己的核心技术。

王传福有句名言："新产品的研发，60% 来自文献，30% 来自样品，5% 来自原材料等因素，而企业自身的研究只占 5%。"[1]

在这个阶段，比亚迪屡屡被竞争对手以侵犯专利权为由告上法庭。而又由于其在研发时总是注意绕开专利技术，使其在专利纠纷中总能转危为安。

他们总结了一套方法。在汽车的设计专利中，一般包含前方、后方、侧方、正上方、斜上方 5 幅照片。5 个方向的照片都类似，就可能涉嫌侵犯专利权。但只要比亚迪的汽车做到让其中一个方向上的照片差别较大，就可以规避专利侵权。汽车界还传言，比亚迪内部设了一个知识产权部门，他们的工作就是让其他部门避免专利侵权。王传福带领比亚迪游走于创新与模仿之间，让技术发挥最大效用。他说："我们不以模仿产品为目的，以最终掌握开发平台为目标。"

在一些人眼中，F3 是丰田花冠的"山寨版"，而此后，更多的类似车型问世。比亚迪推出的 F0，被质疑模仿了丰田 AYGO，F6 被质疑模仿了丰田凯美瑞。车型相似的同时，比亚迪却做到将价格降低到丰田的一半以上。市场上甚至有人专门提供换标服务，只需要花几百元，

---

[1]《比亚迪 F3 在模仿中超越时尚》，蓝岸，翟东胜，《深圳特区报》，2005 年 12 月 21 日

就可以将自己买的比亚迪汽车换上丰田的标志。

有趣的是丰田的反应。车型相似而价格腰斩，对丰田来说，市场份额受到了威胁。刚开始，丰田也深感不安，买来比亚迪汽车进行研究。但最后，丰田并没有起诉比亚迪。丰田的中国业务总监牛山雄造对此表示，他们已经发现自己被比亚迪模仿，但却认为比亚迪的 F3 做得很不错，因此没有采取进一步行动。牛山雄造认为，比亚迪车型模仿丰田是可以理解的，模仿与否并不重要，重要的是比亚迪要在模仿中学习，从而让自己从一个模仿者转变为被模仿者。

丰田或许真的认可了比亚迪汽车，或许只是觉得比亚迪走低价路线，还无法对丰田市场空间造成挤压。

不过，单看比亚迪自身的品牌影响，我们不得不承认，"逆向研发"在让比亚迪迅速占领汽车市场的同时，也让其一度冠上了"山寨"的帽子。人们在谈论比亚迪时，总是会提及"山寨""模仿"，甚至"低端"等词语。虽然此后比亚迪的技术实力与日俱增，但去掉人们心中的"山寨"偏见却耗费了十余年时间。

对于"山寨"的质疑，王传福认为，自己走的路和汽车届的前辈日韩车企的成功路径是一致的，日韩车企在最初造车时也是从模仿别人开始的，模仿成功后才去做局部的创新，创新积累到一定的阶段，才有真正的自主设计。[1]

并且，王传福还认为他的 F3 根本没有知识产权的问题，更不可能惹上知识产权的官司，"其本身就有 50 多项专利技术"。

无论对王传福的"逆向研发"持何种态度，都必须承认，"逆向研发"让比亚迪汽车受到市场热捧，让王传福在汽车业迅速站稳脚跟。这个事实让质疑王传福的人开始反思自己，一味地坚持完全自主研发，

---

[1] 《比亚迪 F3 在模仿中超越时尚》，蓝岸，翟东胜，《深圳特区报》，2005 年 12 月 21 日。

未必适合所有企业，尤其是身处新兴市场的企业。

就像王传福所认为的那样，中国民营车企的崛起之路，也要像日韩车企一样，从最初的简单模仿，到局部创新、技术积累，最终才能蜕变为完全自主研发。而王传福与同行们不同的是，他在这条路上走得更激进、更迅速，也更彻底。

第五节 "除了轮胎和玻璃，比亚迪什么都造"

能够成功地从电池行业跨界至汽车行业，并迅速占有一席之地，比亚迪强悍的制造能力发挥了重要作用，而这种制造能力是建立在对产业链高度垂直整合的基础上。

所谓"垂直整合"，也就是"纵向一体化"，或称"垂直一体化"，是指企业在现有业务基础上，向产业链上下游延伸，通过控制原材料供应、生产加工、销售等环节，形成供产销一体化，整合和优化产业链。通过这种方式，企业可以达到降低成本、提高效率、提升市场话语权等目的。垂直整合在很多行业都存在，而王传福的垂直整合程度之深是鲜见的。

早在跨界进入汽车行业前，王传福的垂直整合能力就已显现出来。

彼时的比亚迪作为电池生产商，需要向各种原材料提供商采购电池的原材料。而由于身处电池开发的核心，比亚迪每一次推动电池技术的进步，都需要广大原材料提供商的密切配合。可以说，电池产品每一次升级迭代，同时也是整条产业链的升级迭代。但是，产业链上下游的配合往往并不顺畅，甚至有时被短期商业利益掣肘而难以推进技术革新。由此，很多企业尝试整合上下游产业链环节，让原本企业间的外部博弈转化为内部协作，即成为"垂直一体化"模式。

比亚迪早在 1999 年就开始尝试整合电池产业链的上游。生产电池，除了电解液、正极材料、负极材料等核心材料外，还要外壳、连接片、密封圈等辅助零件。而比亚迪深感各类零件生产商与其之间的协作既烦琐又滞涩，于是在1999年成立零件分厂，专门生产自己需要的各类辅助零件。

比亚迪对电池产业的整合一直在进行。即使将大部分精力转移到汽车产业后，王传福和比亚迪也没有停下对电池产业垂直整合的脚步。

电解液制造商国泰华荣曾是比亚迪最大的电解液供应商。2005年，比亚迪向国泰华荣下了第一笔订单，订购50多吨的电解液，相当于国泰华荣当年产量的一半。然而，比亚迪只向国泰华荣采购了两次电解液，便再无订单需求。而此后，比亚迪开始自己生产电解液，成功将电解液环节整合进自己的一体化战略中。

垂直整合能力和"人＋夹具"模式一样，成为王传福称王电池界的法宝。在电池行业的成功给了王传福自信。设备太贵就自己造，设备买不到也可以自己造。为了压缩成本，什么都可以自己造。这种经验令其在进入汽车行业时也无所畏惧。

实际上，在王传福决定造汽车时，已有百年历史的汽车产业已经形成了成熟的制造模式。整条产业链分工明确，从发动机、轮胎、模具，到车型设计，每一个零部件都由专业厂商完成。

但就像颠覆手机电池的生产模式一样，王传福又一次挑战了汽车产业的旧有秩序。他将汽车产业生态结构一股脑推翻，以比亚迪一家企业包揽了汽车产业几乎所有环节。

王传福整合的第一个环节，是汽车模具制造。据说，在收购秦川汽车之前，王传福以为模具制造需要各种自动化设备，于是便赴日本寻求与日本的模具制造厂合作。但当参观完模具厂，他发现，日本的模具厂竟然也是一帮工人用手工的方式打磨模具。于是，他便放弃了外购模具的想法。手工打磨的生产模式他已经驾轻就熟了。当年，他将自动化的电池生产线改造成手工模式，使中国的低价劳动力发挥神奇的作用，让比亚迪在电池市场所向披靡。现在，这样一个看起来劳动密集型的产业，对比亚迪来说，太容易复制了。

2003 年 1 月，在收购秦川汽车的同时，比亚迪完成了对北京吉驰汽车模具有限公司的收购，成功整合模具制造。模具的成本占汽车成本的三分之一，比亚迪整合模具，节省了 70% 的采购成本。并且，由于出色的模具制造能力，比亚迪还能为一些合资汽车企业代工模具制造。

在整合模具制造后，王传福利用自己过去在电池、IT 等领域积累的供应链管理经验，将汽车制造中的大部分零部件生产纳入比亚迪自主生产体系。从发动机、减震器，到座椅、车灯、雨刮器，就像在电池行业一样，在汽车行业，王传福也认为什么都可以自己造。他说，除了轮胎和玻璃，其他零部件都要自己造。

王传福不造轮胎和玻璃，并不是因为他造不出轮胎和玻璃，而是外采成本更低。轮胎和玻璃的技术含量较低，大规模生产才能降低成本、拉低售价。而像比亚迪这样的整车生产企业，需要的轮胎和玻璃有限，自己生产反而成本较高。

王传福的垂直整合甚至还延伸到了广告营销领域。业内传言，比亚迪不聘用广告公司，连平面广告都是自己做。例如地铁灯箱广告，外包给广告公司可能要 40 万元以上，但比亚迪自己做，制造成本仅需 2 万元。

对汽车产业的垂直整合，使比亚迪能够压低汽车制造成本，进而以较低的市场价格推出新款汽车，提高汽车性价比。正是因为对成本的控制，比亚迪 F3 才能以 7.98 万元的低价上市。夏治冰在讲述 F3 研发工程时表示，比亚迪尽量移植他们原有的供应链管理经验来控制 F3 的成本。夏治冰举例称："我们原先的油箱是向一家外资品牌购买的，经过我们评估，认为油箱的技术含量低且运输成本高，于是调整为自产，压缩了这方面的成本。"

王传福在讲到自己的垂直整合战略时，很有心得。他表示，比亚迪的内饰件、前后保险杠等合计制造成本只需 2000 元，而且效率高。"比亚迪的保险杠做好后直接运到组装车间，装上车的时候还热着，而别的企业仅保险杠的包装费和运输费就非常高，其间的差价会转化为我们的利润，这就是滚烫的竞争力。"[1]

被王传福称为"滚烫的竞争力"的垂直整合战略，在传统燃油汽车产业之后，又被应用到了电动汽车和新能源领域，并一直延续至今。在垂直整合战略的指导下，比亚迪在"大而全"的道路上越走越远。

[1]《王传福：行走在汽车业的边缘》，贺大卓，《英才》，2007 年 12 月 1 日。

第四章

产业多元化

　　王传福将光伏、储能、电动汽车称作自己的"三大绿色梦想"。就像对待电动汽车产业一样，此时的王传福一想到光伏、储能对未来人类能源结构的改变，就兴奋异常。

第一节　IT：挑战富士康

2002 年，比亚迪在香港上市时，招股说明书中有这么一段话："董事相信，本集团的未来成就及盈利能力不仅依赖其在二次充电电池业的垂直增长，亦会依赖广泛电池相关产品的平面发展。本集团的研发部目前正对一系列新产品进行深入研究。"紧接着，招股书列举了几项比亚迪研究队伍正在从事的研究专题，其中包括供电动汽车用电池、燃料电池、光伏电池、STN 液晶显示屏及手机模组等。

王传福希望以电池产业为依托，拓展出多元化的产业格局。然而，他所规划的大多数产业转型方向都没能在短时间内实现，只有一项除外，这就是手机显示屏及模组，即 IT 代工产业。

比亚迪香港上市之前，王传福便着手进军 IT 代工业务，并在几年内让其迅速成长为比亚迪的业绩支柱。2002 年，王传福在比亚迪设立第三事业部，该事业部专管生产外壳等手机零部件。此后，比亚迪在 IT 行业不断开疆拓土，相继拿下 TCL、诺基亚、三星、摩托罗拉等手机厂商的订单，成为他们的代工厂。2007 年，比亚迪分拆 IT 代工业务，组建"比亚迪电子"，并成功在香港上市。此时，手机部件及组装服务已经占据比亚迪营业额的 43%。

在"比亚迪电子"崛起的过程中，其身旁一直伴随着另一个电子代工巨头——富士康的身影。比亚迪的崛起，直接威胁到了富士康的行业地位。

2002 年年末的一天，王传福受郭台铭之邀赴台湾参观了鸿海集团。王传福鸿海之行的初衷，是希望双方合作，鸿海为比亚迪提供电池壳。但在参观了鸿海后，双方的合作并未达成。此后，比亚迪在 IT 代工领域迅速崛起，威胁到富士康的行业地位。王传福用了短短 5 年时间，带领比亚迪将以手机电池制造为基础的业务，拓展到液晶显示屏、键盘等除芯片外的几乎所有手机零部件的制造业务，并成功让这部分业务上市，成为 IT 代工领域的巨头。

此后数年，富士康展开了一场针对比亚迪的诉讼"狙击战"。2006 年 5 月，富士康报警，称发现公司员工王伟等人将大量系统文件发送给比亚迪。随后，法院查扣了比亚迪员工柳相军、司少青的计算机硬盘，其中就有 Word 文件是富士康文件头字样。而柳相军和司少青，正是一年前从富士康跳槽到比亚迪的。

报警一个月后，鸿海的两个子公司共同向香港、深圳两地的法院提起诉讼，状告柳相军、司少青等人，称他们跳槽到比亚迪后，泄露富士康的商业机密，索赔 500 万元。2007 年 6 月，这两家子公司再度提起诉讼，索赔 51.3 亿元。2007 年 11 月，法院委派北京的一家鉴定机构对该案进行司法鉴定。然而，鉴定结果对比亚迪极为不利。2008 年 3 月，富士康将对比亚迪的民事诉讼转为刑事诉讼。

受官司影响，原计划 2007 年 7 月在港交所上市的"比亚迪电子"，推迟到 2007 年 12 月才上市。因此，郭台铭发起的侵权诉讼，被外界认为意在阻止"比亚迪电子"上市，进而与其争夺市场地位。王传福也在公开场合称郭台铭的行为是"故意捣乱"。

2008 年 4 月，法院有了判决结果。夏佐全被拘留，柳相军、司少青被判处有期徒刑。富士康对比亚迪的"进攻"赢得了阶段性的胜利。

此时，针对富士康的"围剿"，比亚迪毅然选择拿起法律武器捍卫自身权益。2008 年 12 月，比亚迪公告称，针对比亚迪的刑事调查已撤销。并且，曾对此案进行司法鉴定的鉴定机构数名管理人员被捕，他们被指控涉嫌毁灭、伪造证据和收受贿赂。比亚迪的一名员工也被捕，据称是收受了富士康贿赂，将比亚迪保密文件窃取，提供给了富士康。随后，比亚迪在香港提起诉讼，指控富士康非法干涉其业务。

此后，比亚迪和富士康之间的法律纠纷又持续了数年。而郭台铭对比亚迪在 IT 代工领域的崛起总是耿耿于怀。他表示，比亚迪在市场竞争方面完全不是富士康的对手，并且，剽窃商业机密的公司不配成为他的对手。

当"股神"巴菲特投资比亚迪时，郭台铭异常愤慨，他公开向巴菲特提问："巴菲特一直标榜只投资有诚信、长期经营的公司，为何要投资窃取商业机密的比亚迪？巴菲特敢不敢驾驶比亚迪汽车上下班？巴菲特是用何种专业知识判断比亚迪的潜力的？"[1]

但最终，郭台铭还是没能用诉讼纠纷"狙击"王传福，比亚迪电子成功上市，其 IT 代工业务快速增长。虽然在此后十余年，郭台铭仍多有微词，但已无济于事。比亚迪一路成长，最终成为中国最大的电子代工厂。华为、小米、苹果等品牌手机的部件生产及组装业务，大部分由比亚迪的工厂承接。至今，比亚迪手机部件及组装业务仍占营收的 20%。

---

[1]　《郭台铭与王传福的江湖恩怨》，杜舟，徐军，《IT 时代周刊》，2009 年 6 月 5 日。

第二节　新能源汽车"先行者"

王传福对电动汽车近乎执念。但除了他自己，没人知道他是从何时开始有了发展电动汽车业务的想法。

1997 年，依托于比亚迪的深圳市工程技术研究开发中心成立，专门研究电池及电池材料，电动汽车的核心部件——动力电池也是其研究的重点。从此时一直到 2003 年王传福声称为制造电动汽车做准备而收购秦川汽车时，比亚迪陆续参与了多个政府组织的电动汽车研究项目，在其中负责研发动力电池。

以消费类电池起家的王传福，研发储备动力电池技术顺理成章。从消费电池业务，延伸到与其技术强相关的动力电池业务，这是一个企业"相关多元化"发展战略的常规步骤。但或许就是在这个业务拓展的过程中，王传福对电动汽车的兴趣越来越浓，直到不能自拔，誓将电动汽车产业作为企业核心战略方向。

王传福对电动汽车的执念或许是源于对能源紧缺问题的认知，他认为，"中国汽车市场很大，哪有那么多油；中国如果把电动车商业化，就等于把长江三峡的水变成油；因为，水可以变成电，电就是油。"[1]

除了能源紧缺问题，从国家能源安全角度考虑，电动车也是必选项。

---

[1]《比亚迪的电动车泡沫破了》，傅航，《中国经济周刊》，2006 年第 9 期。

中国是一个"富煤贫油"的国家，即使不发展水电等清洁能源，而尽量使用煤以减少对石油的依赖，也需要通过燃煤发电供能，发展电动车也是必需的选择。

当然，那个时代不止他一个人看到了电动汽车未来的趋势。1992年，著名科学家钱学森给时任国务院副总理邹家华写信。信中提到，到二十一世纪二三十年代，我国汽车产量必将突破千万辆大关，届时燃油车所造成的环境污染问题将成为不可承受之重。钱学森建议，中国的汽车工业不走汽油、柴油阶段，而是直接跳入新能源阶段。

在国外，日本东京大学经济学教授藤本隆宏也曾说，未来改变全球汽车产业格局的，必是一种能彻底改变内燃机系统驱动的技术。美国通用汽车董事长瓦格纳也认为，"目前使用的内燃发动机将大部分被淘汰，我三十年的汽车业生涯中从未有过这种感受。"

王传福一想到未来电动车具有"改变世界的力量"，便激动万分。他表示，内燃机时代正在终结，人类世界马上就会进入电动车时代。以往依靠传统燃油汽车发展起来的技术，如四轮驱动技术、变速箱技术、燃油喷射技术等，都将被电动汽车时代所抛弃。汽车产业正在经历一场颠覆性的革命，电动车对传统汽车的冲击就像"电子表对机械表的冲击"一样强烈。

当然，作为在市场经济大潮中锤炼出的企业家，他不会盲目进入一个新的领域。之所以对电动汽车如此有信心，是因为电动汽车的核心是电池，这正是王传福最擅长的技术。王传福对外宣称，"没有人能比我更懂电池。"

实际上，20世纪90年代，美、欧、日都曾有多家车企推出过电动汽车，但都没有获得市场成功。而王传福虽然大胆设定战略目标，但在实施时却较为稳健。由于前车之鉴，他没有立刻全力推进电动汽车的产业化，而是一步一个脚印。首先，跨越行业界限挺进汽车产业，为电动汽车铺路。然后，以传统汽车的利润支撑电动汽车的研发。如此，不至于因为电动汽车迟迟不能产业化，而拖垮比亚迪。

在电动汽车研发工作中，作为企业掌舵人的王传福亲自挂帅。2006 年，比亚迪启动 E6 纯电动车项目时，他担任总负责人。王传福试图发挥他的已有优势，发展电动汽车业务的同时也整合比亚迪两大核心业务——电池和汽车。

王传福说："在做电动汽车方面，我斗志十足，信心十足。我们坚信能把比亚迪先进的低成本、高品质制造模式向汽车业移植，使整个中国乃至世界的汽车竞争格局发生大的变动。"[1]

2006 年，比亚迪的 F3e 电动车研发成功。2008 年，比亚迪又推出双模混动汽车 F3DM 和纯电动车 E6，逐渐将新能源汽车业务作为发展重心。2009 年 1 月的底特律车展上，比亚迪将 F3DM 和 E6 带到美国展出，加上有刚刚投资比亚迪的巴菲特到场助阵，比亚迪电动汽车立刻吸引了美国人的关注。从此，比亚迪在全球范围内树立了这样的形象：新能源汽车大潮中的技术先驱。

王传福在研发、生产电动汽车的过程中，逐渐发现双模混动汽车才是未来市场趋势。所谓双模混动汽车，也就是插电式混合动力汽车。这种汽车有内燃机和电动机两套驱动系统，可以在纯电驱动与混合动力两种核心模式间自主转换。

早在比亚迪赴香港上市时的招股说明书中，比亚迪便写道："混合型电动汽车相信会是下一代低燃料耗量和低排放量的汽车，并将于二零一零年成为汽车主流。混合型电动汽车的燃料仍然是汽油（或柴油），但耗用量和燃料成本均已减低。其他选择包括使用其他能量来源的电动汽车和燃料电池汽车，但混合型电动汽车是最实用的解决方案，原因是它们适合现有供应汽油及柴油的基础设施，并可以较低成本提供较佳表现。混合型电动汽车的市场相对较新，且于一九九七年前并未存在。"

这又体现出王传福在战略实施中的稳健。囿于充电基础设施的不

[1]《王传福："一切皆是纸老虎"》，张程，《新财经》，2009 年第 8 期。

健全，纯电动汽车短时间内难以被市场接受。纯电动汽车的电池续航里程有限，车主无法长途远行而中途不充电。而充电站的铺设又是一个短时间难以完成的任务。因此，王传福认为，介于纯电动车与燃油车之间的混合动力汽车将成为中国人的首选。比亚迪也将双模混动汽车作为此后的主要研发和生产方向。

此外，王传福和比亚迪在研发生产电动汽车的同时，也着手研究如何缓解人们对电动汽车的里程焦虑。他们启动电动汽车充电站研发项目，在比亚迪深圳总部以及全国的生产基地都建起了充电站，这些充电站作为示范，为以后在市场上推广充电站，并大面积兴建做好准备。

另一方面，比亚迪一直没有停下对电动汽车用动力电池的研究，不断提高电池的续航和安全性。比亚迪曾经延续消费类电池的技术路线，使用镍电池和锂离子电池做动力电池。但综合考量能量密度、成本、安全等多重因素后，2002 年，王传福确定以锂离子电池中的一种——磷酸铁锂电池作为比亚迪的技术路线，他称之为"铁电池"。此后又经过数年研发，到比亚迪第一款电动车 F3e 研发成功时，"铁电池"已经可以撑起王传福的电动汽车梦想。王传福当时说："比亚迪已经具备了有防爆性能的铁电池量产的能力，并在不同的产品开始使用这个铁电池。"[1]

在二十一世纪的前 10 年，王传福一直在尝试制造新能源汽车。比亚迪业绩也在这一阶段蒸蒸日上，让他有足够的资金投入新能源汽车研究。但在二十一世纪的第二个 10 年，他不能再将新能源汽车看作"襁褓中的婴儿"了，他必须做出一些事情，向人们证明，新能源汽车产业化是可行的。

---

[1]《比亚迪：押宝电动车》，李志军，《经济观察报》，2007 年 8 月 20 日。

第三节　试水绿色能源

在横跨电池、IT、汽车、电动汽车四大产业后，王传福的商业"野心"仍在继续"膨胀"。以电池为基础，他试图构建起自己的产业版图。在这一版图中，他已经拥有电的应用端产品——电动汽车、电子产品，有了电的储存端产品——电池，但却缺了最重要的一环——发电端。于是，从2007年开始，王传福试图补齐缺失的这一环。

地球上的能源，可以简单分成两种——可再生能源和不可再生能源。顾名思义，可再生能源可以再生、取之不尽，不可再生能源越用越少。不可再生能源包括我们所熟知的煤、石油、天然气等，而可再生能源包括太阳能、风能、水能、氢能等。

在中国，发电主要依靠燃煤和水力。但燃煤所用煤为不可再生能源，并且燃煤污染环境。水力发电所用水虽然可再生，但水力发电对地域有严格限制。在2007年的时间节点上，一种可再生、清洁、几乎不受地域限制的能源正在中国兴起，这就是太阳能光伏。

所谓光伏，是指利用光生伏特效应，将光能转换成电能的发电系统。简单来说，就是让阳光照在光伏电池和组件上，通过光生伏特效应，太阳光的能量会转换成电能，产生的电流在光伏组件内汇聚流出，供人们使用。

2007年后，王传福投资数十亿元，计划依托比亚迪的制造能力，布局光伏设备制造领域，生产可直接并网发电的太阳能光伏组件。基于自己对能源紧缺的清晰认知，王传福对光伏发电的未来充满信心。他公开表示，只要把沙漠中 1% 的地方铺上光伏板，利用太阳能发电，就可以满足全人类的电力需求。

光伏发电牵涉到一条很长的产业链，并且这种发电方式拥有天然的物理缺陷，不可能随心所欲地使用。但光伏确实是一种可以为我们提供可持续清洁能源的发电技术，太阳能确实是一种可以完全满足人类需求的能源。全球已经形成基本共识，认为光伏发电将是未来电力系统的最重要组成部分之一。

当然，在 2007 年，人们对光伏的认知还很浅薄。在中国，直到 2009 年，国家启动了"太阳能屋顶计划"和"金太阳示范工程"，光伏发电才算是真正进入起步阶段。而中国的光伏设备制造行业的发展，比光伏发电的发展要早一些。2000 年后，受到海外市场需求的影响，中国的企业家开始利用廉价的劳动力发展光伏设备制造。但当时光伏设备制造产业"三头在外"——90% 的原料从海外进口，90% 的产品出口欧美，90% 的核心技术掌握在国外企业手中。

整个光伏产业尚在"童年"，国内市场需求又极少，中国企业难有话语权。一向敢闯敢干的王传福，此时也只能在光伏行业摸索着前进。

2007 年，在副总裁何龙的带领下，比亚迪十多名技术人员组成了研发小组，研究如何将汽车的相关技术运用到太阳能光伏设备的制造中，从而降低光伏设备的制造成本。

2008 年，王传福建立了比亚迪电力研究院，正式开启对新能源供应、储存、应用的一系列技术的研究。光伏技术，以及与光伏相伴而行的储能技术，都是这个研究院的研究重点。

同年，比亚迪太阳能公司成立，比亚迪与陕西商洛市政府签约，投资 5 亿元在当地建设多晶硅和太阳能电池片生产基地。

值得注意的是，王传福把他的垂直整合战略也带到了光伏行业。彼时中国的光伏企业仍以组件制造为主，而比亚迪却是为数不多的实现全产业链布局的中国企业。在光伏设备生产中，可将其主产业链分为多晶硅、硅片、电池片、组件四个环节。比亚迪则将四个主要环节全部囊括，并且还继续向下游光伏系统拓展。此外，拿下主产业链还不能满足其胃口，比亚迪还生产辅产业链上的逆变器、浆料、封装材料等。

王传福说："以前是不同的企业抱着产业链中的不同段，享受着高毛利，现在我们要把产业链整合一下，把所有中间环节的毛利都清零，把产品做便宜，让更多的人去使用，形成大量需求，促进行业的良性成长，这种整合我们在汽车领域、IT领域、电池领域都做了。"[1]

布局光伏产业的同时，王传福还切入另一个潜力巨大的新能源产业——储能。

严格来说，储能并不是一种新能源，它只是储存能源的技术。从传统的抽水蓄能，到各种新型储能——电化学储能、压缩空气储能、熔融盐储能、飞轮储能等，都是储能。而其中，电化学储能，也就是利用电池储存能量，被认为发展前景最为广阔。

王传福看中的正是电化学储能。他以手机电池起家，号称"没有人比他更懂电池"，自然而然，被称作"大型充电宝"的电化学储能也是他擅长的领域。他此前从事的手机电池业务涉及的手机电池，属于消费类电池；而电动汽车用的电池，属于动力电池；储能用的电池，可称之为储能电池。三者原理相通，都是蓄电池。甚至可以简单理解为，动力电池和储能电池是"大型"消费类电池。而动力电池和储能电池的主要区别在于，一个更关注能量密度，一个更关注寿命和能量存储效率。

王传福明白，光伏具有天生的缺陷，即其只能在白天发电，而人们用电的高峰期通常在天黑之后。因此，储能技术是新能源发展的重要支撑。所以，王传福在成立电力研究院研究光伏的同时，也在进行储能的研究。

此外，王传福还积极将储能技术付诸实践。2009年，比亚迪在深

---

[1]　《比亚迪的产业链版图》，魏薇，《中国品牌》，2011年3月8日。

圳建成了全球第一个 1MW/4MWh 磷酸铁锂储能电站。2010 年，比亚迪又将储能项目拓展到海外，与美国洛杉矶市水电局签约，合作建设一个可再生储能电网项目。此后，比亚迪又参与多个具有示范性的电站建设，为其提供储能电池。

王传福还在深圳坪山基地内，将两栋别墅建筑当成他的新能源试验场。屋顶光伏组件和别墅旁的几座风力发电机，共同满足两栋别墅的用电需求。而旁边的一台柜式储能电站，将多余的电力储存，以备夜晚和无风的时候为别墅供电。

王传福将光伏、储能、电动汽车称作自己的"三大绿色梦想"。就像对待电动汽车产业一样，此时的王传福一想到光伏、储能对未来人类能源结构的改变，就兴奋异常。

据说，王传福有一次和四川通威集团的掌门人刘汉元吃饭，两人相谈甚欢，谈了三个多小时。刘汉元以饲料业务起家，2006 年通过投资光伏多晶硅生产商永祥股份，而踏足光伏。此后经过多年发展，通威集团成为光伏行业的龙头企业。而在当年，刘汉元与王传福阔论新能源，王传福慷慨激昂，甚至预测光伏市场会在 2016—2020 年间爆发。刘汉元为之深深折服，他向别人形容王传福："他的目标坚定而清晰，做得很艰难，但只要他做成了就能打遍天下。"

但是，当时的时代背景是，光伏设备制造的产业化虽然已经蓬勃发展起来，但"三头在外"，极度受制于海外市场和政策变化。而储能电池尚看不到产业化的曙光。即使王传福商业头脑再灵活，也不可能突破产业发展的规律。对于王传福来说，绿色能源这个梦想只能留待日后实现了。

第四节 巴菲特眼中的"明星"

2008 年，金融危机席卷全球，信贷紧缩、消费者信心骤降。在此背景下，汽车这种耐用消费品也受到冲击，汽车行业进入寒冬。在中国，汽车市场在经历了 6 年高速增长后，在 2008 年销量开始下降，大部分车企都没能完成预定的年度销售目标。

但是，王传福的事业却在这一年迎来了一个新的高峰。2008 年，比亚迪又一次在中国汽车市场实现销售量 100% 增长，是少有的完成了销售目标的汽车企业。

同时，他的个人声誉也在这一年广为人知。在此之前，虽然王传福是"电池大王"，是汽车行业"新贵"比亚迪的董事长，但在中国众多杰出民营企业家中，他并不出名。然而，随着 2008 年一位美国老人向他递出"橄榄枝"，王传福的名字开始传遍全球各个角落。

这个老人就是有"股神"之称的沃伦·巴菲特。他是保险和多元化投资集团伯克希尔·哈撒韦公司的董事长，是价值投资、长期投资的代表人物，是当今世界最成功的投资人，他被尊为"奥马哈的先知"。

关于王传福与巴菲特的故事流传着很多个版本，其中一个版本认为，他们两人能结缘要从 2008 年初的一场车展说起。在美国汽车之城底特律，每年的 1 月 5 日，都会如期举办一场北美洲规模最大的汽车展览。2008 年，比亚迪第一次参加底特律车展。王传福把比亚迪最新的车型 F6、F8 等都带到了现场。他还亲自下场，驾驶着混合动力电动汽车 F6DM，绕展区一周。从起步到加速到 10 英里，王传福只用了短短几分钟。他吸引到了展区内足够的关注，同时，他也被巴菲特的合伙人查理·芒格看中。

查理·芒格是美国著名的投资家，巴菲特的"黄金搭档"，伯克希尔·哈撒韦公司副总裁，被称作"幕后智囊"和"最后的秘密武器"。

芒格对王传福推崇备至，他极力建议巴菲特入股比亚迪。芒格称王传福正在做"伟大的事"。他还把王传福比喻为爱迪生与杰克·韦尔奇的"综合体"。爱迪生是美国的大发明家，据说仅美国专利，爱迪生就获得了 1096 项。同时，爱迪生还是企业家，他是通用电气公司的创始人。杰克·韦尔奇是著名的企业家，曾任通用电气公司 CEO，被誉为"世界第一 CEO"。

自从 2002 年投资中石油后，巴菲特便没再对中国公司提起兴趣。芒格的话打动了巴菲特，他让旗下的中美能源公司对比亚迪进行考察，并启动投资计划。

然而，双方的第一次"交锋"完全出乎巴菲特的意料——王传福竟然拒绝了他。原因是巴菲特希望拿出 5 亿美元投资比亚迪，而 5 亿美元对应的比亚迪股份将超过 20%。如此，比亚迪的管理团队的股份将被稀释，甚至有可能影响到公司的控股权。

王传福给出了另一套方案，他只愿意出让比亚迪 10% 的股权。而对于巴菲特来说，比亚迪 10% 的股份，只有区区 2 亿美元左右，他从不进行这么小额的投资。因此，给出投资方案后，王传福并没有对此事寄予希望。

令王传福没有想到的是，巴菲特竟然同意了。或许是对芒格的信任，又或许是看到了中美能源公司对比亚迪的考察结果，巴菲特越来越看好比亚迪的未来。巴菲特表示，他一直在观察着比亚迪，他对王传福和比亚迪的团队充满信心。

在巴菲特投资比亚迪的过程中，还有一个有趣的插曲。2008 年，中美能源董事长大卫·索科尔受巴菲特之托，来到深圳考察比亚迪。传言当时王传福竟然倒了一杯比亚迪生产的电解液，当着索科尔的面喝了下去，以此证明电解液无毒。可以想象得到，索科尔当时一定无比惊愕，但也因此相信了王传福。这位"狂人"企业家，以其特别的人格魅力，和他培育出的冉冉升起的"明星"企业，"征服"了来自大洋彼岸的资本大鳄们。

2008 年 9 月 27 日，巴菲特宣布投资 2.3 亿美元，收购比亚迪 10% 的股权。在随后的 4 个交易日，比亚迪股份股价上涨 60%，比亚迪电子股价上涨超过 100%。

芒格说："有人认为我和巴菲特疯了。你看到比亚迪的汽车就会明白，它是多么的出色。比亚迪现在可能是一家小公司，但它有很大的野心。如果它不成功，我将非常惊讶。"[1]

巴菲特的投资，对王传福来说，是一个天大的喜讯。借助巴菲特旗下的中美能源，比亚迪可以进军北美市场。另一方面，"股神"是一个"活招牌"，无论是王传福个人还是比亚迪公司和它的新产品，都可以因此受到更多的市场关注。此后，巴菲特多次为王传福发布的新产品"站台"，而比亚迪也得以派人参加伯克希尔·哈撒韦公司的年度股东大会，甚至还把他们的汽车开到了大会现场，狠狠秀了一把。

2009 年初，在底特律车展上，王传福第一次见到了巴菲特这位投资人。两人当时互赠了礼物，王传福送给巴菲特一个比亚迪 F6DM 双模电动汽车模型，而巴菲特送给王传福的是一个钱包。巴菲特可能是在告诉王传福：我将钱投给你，是希望你能赚更多的钱回报给我。

同样在 2009 年，在胡润内地百富榜中，王传福以 350 亿元的财富值，位列首位。

王传福成为了中国首富，但他给自己设定的目标不止于此，他还有

---

[1]　《巴菲特：投资比亚迪是芒格的主意》，https://finance.sina.cn/sa/2009-05-06/detail-ikknscsi7220002.d.html。

"两个第一"的梦想。在两年前的比亚迪深圳坪山基地落成仪式上，王传福进行了一番慷慨激昂的讲话。他当时宣布："比亚迪计划在2015年成为中国第一的汽车生产企业，在2025年成为全球第一的汽车生产企业"。

王传福"两个第一"的狂言在当时很少有人相信。现在我们知道，王传福真的实现了"中国第一"的梦想，只是比他计划的晚了7年。"世界第一"的梦想虽然还没实现，但似乎也并不遥远了。

第五章

调整与变革

从"峰顶"跌落，让王传福痛定思痛，决心改变自己和比亚迪。他对外宣布，2011—2013 年为比亚迪的调整年，他要从各个方面对比亚迪作出调整。汽车产业过去近十年都在爆发式增长，而走过狂飙阶段后，市场渐趋成熟，消费者开始更加在意汽车的品质和品牌价值。王传福的这一战略转向，恰恰顺应了市场需求的演变趋势。

第一节　增长与隐忧

2010年开年的王传福，意气风发。电池大王、"股神"入股、汽车大卖、中国首富……各种光环笼罩着他。

比亚迪在他的带领下规模和盈利能力快速增长，成了中国的"明星"企业。2009年，比亚迪营收411亿元，同比增长48%，净利润37亿元，同比增长270%。截至这一年年底，比亚迪员工总计14万人。其中，仅工程师人数就超过了3万人。

王传福"以IT和电池养汽车，以传统汽车养新能源"的策略，取得了阶段性的成功。比亚迪的传统燃油汽车业务蓬勃发展起来，2009年，比亚迪汽车销量已达到44万台。与此同时，王传福发展出了自己的"袋鼠理论"：技术是支撑企业发展的长腿，能让比亚迪像袋鼠一样快速向前奔跑。与此同时，在比亚迪的育袋中复制、孕育着新的车型，就像袋鼠一样繁衍。

有了传统燃油汽车的利润作支撑，王传福更游刃有余地发展新能源汽车和光伏、储能业务。而此时，多家跨国车企都表现出了对比亚迪电动汽车技术的兴趣，更让他对未来充满信心。2009年5月，王传福考察德国沃尔夫斯堡大众汽车的总部，并与大众签署了商业合作谅解备忘录。一年后的2010年3月，王传福又来到德国。这次他拜访的是位于德国斯图加特的戴姆勒总部，并与戴姆勒签署了合作谅解备忘录。戴姆勒是奔驰汽车的母公司，与宝马、大众并称德国汽车三巨头。

　　或许是由于戴姆勒入局，比亚迪与大众的合作未能推进下去。不过，比亚迪与戴姆勒的合作却落地了。王传福认为双方的合作是优势互补，比亚迪的电池和驱动技术首屈一指，而奔驰有积累了上百年的整车制造技术。在王传福眼中，他看中的是奔驰的技术、经验和理念，而比亚迪的活力是奔驰所缺乏的。他当时颇为自豪地对媒体表示："这是世界上最老的汽车公司与最年轻的汽车公司之间的合作。"[1] 在确定了合作关系后，双方还成立了合资公司，并推出了电动汽车品牌"腾势"。

　　此时的王传福，又再度体会到了成为"电池大王"之时的心情。春风得意马蹄疾，他现在想前进得再快点，以便早日实现心中憧憬着的"新能源梦"。梦中，人们生活的各个角落都被新能源占据。人们住在新能源住宅内，而这栋住宅用比亚迪的光伏系统发电，用比亚迪的储能系统储存电力。当人们需要出行时，开着的是比亚迪生产的电动汽车。需要通讯、工作时，使用的是比亚迪生产的手机、笔记本电脑等电子产品。当然，所有这些需要电力的场景，都使用的是比亚迪光储系统提供的绿电。

　　老子云"反者道之动"，揭示物极必反的规律。王传福的高光时刻下，也有众多未形之患。一旦导火索出现，将会烧尽表面繁华。

　　传统燃油车业务的隐患，在于太过依赖比亚迪 F3。F3 是名副其实的业绩支柱，2005 年 11 月，F3 就开始贡献收益，12 月当月就使比亚迪汽车业务实现盈利。此后，王传福曾尝试构建多元化的产品线。但是，燃油汽车市场竞争激烈，他并没有能够取得持续的成功。在 F3 之后，比亚迪推出的 F0、F6、G3 等车型，都没能复制 F3 的辉煌。

　　2006 年、2007 年、2008 年，比亚迪 F3 的销量分别占据比亚迪全部汽车销量的 83.6%、97.7%、82.4%。2009 年，比亚迪的 F0、F6 等

---

[1]　《电动车为媒 比亚迪、戴姆勒"闪婚"》，魏黎明，张耀东，王秋凤，《经济观察报》，2010 年 3 月 8 日。

车型都已上市。但是，当年 F3 的销量占全部汽车销量的比重仍然高达65%。

F3 大卖的同时，也受制于比亚迪的低价策略，使它虽然总体上盈利，但利润空间有限。

王传福的"两个第一"的豪言，也让人们产生担忧。中国汽车产业发展时间尚短，比亚迪更是一个"新人"，与国外企业在很多方面都存在着差距。国外一些车企有上百年的历史，在汽车技术和汽车文化方面有着深厚的积累。王传福用 20 年成为全球第一车企的想法，被业内认为过于激进了。

电动汽车业务的前景更值得担忧。当时的消费者并不喜欢买电动汽车。就驾驶性能而言，电动汽车远远不及燃油汽车，而售价却高于燃油车。充电基础设施缺乏，也使得人们不敢在城市以外使用电动汽车。此外，人们十分担心电动汽车的安全问题，关于电池着火、辐射等传言频频出现。

市场接受度不足，但王传福却对电动汽车情有独钟。电动汽车一直是比亚迪的"烧钱大户"：一方面，对电动汽车及其相关零部件的研发，需要持续投入大量的研发经费；另一方面，电动汽车却迟迟不能为比亚迪贡献利润。王传福本人就曾说，出售一辆 F3DM，就赔 2 万元。

王传福的电动汽车技术也受到质疑。虽然王传福将他的电动汽车F3DM、E6 开上了各种车展的现场，但普通消费者一直很难有机会试驾，更没法在市场上买到它们。这使得很多人质疑王传福的电动汽车技术是否真的成熟，是否真的能将电动汽车量产。

早在 2008 年就已推出的第一款新能源车型 F3DM，首先由深圳市政府在 2009 年 6 月购买了 10 辆。而个人消费者，直到 2010 年 4 月，才有机会购买它们。F3DM，在向个人消费者发售半年后仅卖出去了200 辆。

而 2009 年推出的另一款纯电动车型 E6，在 2010 年才获得政府的生产许可，它的上市最终推迟到了 2011 年。

　　对发展前景的担忧，使得一些著名的投资人士选择"放弃"比亚迪。著名的投资人、惠理集团的联合创始人谢清海，早在巴菲特入股比亚迪前，就买入了比亚迪的股票，但在 2009 年比亚迪股票正在高点时，他果断减持了比亚迪股票。谢清海称："市场可能已经过高估计了电动车的发展潜力，很多人没有意识到电动车还不可能卖给普通消费者。电动汽车、新能源将来是能挣钱的，但不是现在。"

　　但是，以上的隐患，对于 2010 年的王传福来说，都构不成威胁。在这一年的 4 月，一场危机猝然爆发，让这个已经 44 岁的中年企业家必须作出反思，对比亚迪以及他自己进行改变。

第二节 退网风波

2010 年 4 月，经销商"退网"事件爆发。冰冻三尺非一日之寒，导致这场危机的因素由来已久。

对于王传福来说，无论是手机电池，还是 IT 代工，都是 B2B 模式，他和比亚迪的销售团队需要面对的都是下游企业。而跨界进入汽车行业之后，营销模式完全变了。汽车产品直接面对的是消费者，王传福从未有过这方面的经验。

但此时的王传福斗志昂扬，没有什么事能难倒他。他将工厂中的"人海战术"移植到销售环节，实施起了"店海战术"，大幅度增加经销商数量。仅仅用了 4 年时间，比亚迪的销售网络就覆盖了所有的省会城市，以及大部分二三线城市。比亚迪的经销商超过 1200 家，数量直追大众汽车。2009 年，中国首次夺得全球汽车产销冠军，当年的汽车产销量超过 1350 万辆。行业景气期内，激进扩张的比亚迪更为"耀眼"。2009 年，比亚迪汽车的总销量达到 44.8 万辆，增长了 162%。如此佳绩，令王传福和他的销售团队错误地估计了形势。2010 年，他们将销售目标定到了 80 万辆，几乎要将上一年的销量翻倍。

但比亚迪的激进扩张，却留下了一系列待解的难题。

首先是比亚迪的分网销售模式留下了隐患。所谓分网销售，就是将比亚迪的经销商分在 A1、A2、A3、A4 四个网络内，每个网络内的经销商只能卖自己网络内的车型。这一模式导致经销商的业绩"冰火两重天"。比亚迪最畅销的车型 F3 被分在 A1 网络，A1 网络由此成为最赚钱的网络。但其他网络内的经销商却销售困难，尤其是 A3、A4 网络，被安排了很多新推出的车型，市场接受度很低。

其次，比亚迪对经销商的管理也不够科学和成熟。比亚迪要求，经销商签订 4S 考核协议后缴纳保证金。但是，三年内不能更换店面位置，更不能离开比亚迪销售系统，否则保证金将一分都收不回。另外，经销商还被要求完成高额月度任务，未达标者取消返点、下月任务加重。

多重因素影响下，比亚迪经销商的压力越来越大，最终导致了集体"退网"。如果汽车行业可以一直保持景气，或者比亚迪能不断推出受到市场热捧的车型，或许退网风波就不会发生了。但现实是，这两个条件均未满足。比亚迪推出的其他车型都没有复制 F3 的"神话"，而汽车市场也在 2010 年发生了巨变。受前一年的希腊债务危机影响，2010 年欧洲债务危机爆发。欧债危机迅速蔓延开来，中国汽车市场也受到波及，增速骤降。比亚迪的经销商面临着滞销和库存的双重压力。

2010 年 4 月，承受不住经济压力的成都平通旗舰店宣布退网。以此为导火索，全国经销商都行动起来，北京、浙江、山东、河南、黑龙江等地的经销商集体跟进，308 家经销商退出比亚迪销售体系，退网比例达到 22.63%。

部分从比亚迪退出的经销商，并没有离开汽车业，而是转投了奇瑞、吉利等竞争对手。因此，在经销商退网风波的初期，王传福误以为，这是竞争对手针对比亚迪的一次蓄谋已久的攻击。

王传福还一度认为，经销商退网并不一定是坏事。他表示，过去的经销网络扩张太快，导致经销商良莠不齐，那些跟不上比亚迪脚步的经销商才会退出。

但随着退网风波越闹越大，退网的经销商越来越多。他们公开指责比亚迪，舆论对比亚迪极为不利。这时，王传福才意识到，或许是自己的战略规划过于激进了，他需要自我反思。

终于，之前很少面对媒体的王传福，罕见地公开承认了自己决策失误，向经销商致歉。2011 年 9 月，他在股东大会上表示，现在要为过去犯下的错误买单，并将 2011—2013 年定位为比亚迪调整年。而在这次股东大会召开一个月前，比亚迪汽车销售的负责人夏治冰，宣布辞职并公开担责。

夏治冰生于 1974 年，毕业于北京大学光华管理学院，主修财务会计。刚毕业，夏治冰便加入了比亚迪，他从基层的财务经理、销售服务部经理做起，历任国内汽车销售事业部副总经理等职，后升为比亚迪副总裁兼国内汽车销售事业部总经理。经销商退网风波刚发生时，夏治冰就被推上了风口浪尖。当时他还对媒体倾诉自己的无奈："如果不动是等死，动是找死，那比亚迪宁可是找死派。"他说比亚迪的每次跨越，他都会道歉一次，他已经准备好了道歉 4 次。[1]

然而，这一次，只有道歉已经不够。当比亚迪遇到了前所未有的危机时，需要有人勇敢站出来承担责任。2011 年 8 月，这位为王传福冲锋陷阵的爱将，在其微博上写了两个字"累了"，以此结束了他在比亚迪的奋斗生涯，也为退网风波画上了句号。

退网风波虽然过去，但对比亚迪造成的伤害却已深入骨髓。

销售商退网风波直接影响了比亚迪的汽车销量。自 2010 年 6 月开始，比亚迪汽车销量连月下降。2010 年的第三季度，比亚迪汽车销量为 9.7 万辆，同比下降 15%。

2010 年 8 月，王传福迫不得已将比亚迪全年销售目标由 80 万辆调减至 60 万辆。但最终，比亚迪 2010 年全年汽车销量仍只有 52 万辆，还是没能完成全年销售目标。52 万辆的销量，相比前一年增长了 16%。但需要看到，2010 年，汽车全行业实现了同比 32% 的销量增长。比亚迪的销量增速严重滞后于行业，曾经的"汽车狂人"风光不再。

---

[1] 《车界野蛮人 比亚迪经销商风波始末》，https://auto.ifeng.com/roll/20101117/468617.shtml。

　　另外，2010 年，比亚迪的汽车销售收入虽然同比增长 2.6％，但利润却同比减少 50.4％。

　　退网风波最严重的影响，还在于对比亚迪品牌声誉的损害，以及暴露出比亚迪早期盲目扩张、渠道管理粗放等一系列问题。当然，正是由于退网风波，让王传福得以反思自己，倒逼比亚迪从销售体系、产品质量到战略方向的全面升级，为其日后能从容应对更大的困难做好准备。

第三节　激进扩张"后遗症"

退网风波之后，比亚迪的麻烦并没有结束。

2010 年 7 月，国土资源部通报的违法违规行为中，比亚迪赫然在列。当时，比亚迪正在对西安一个生产基地进行扩建，但国土资源部的通报认为，该项目涉及政府违规预征土地及开发企业违法占地。被通报三个月后，比亚迪在该工程中新建的建筑物被陕西省国土资源厅没收，比亚迪还被处以 294.66 万元的罚款。

当时的比亚迪正在激进扩张，冲击年销售 80 万辆的目标，但其已有产能不过 50 万辆，无法满足销售端的需求。因此，这个规划产能为 40 万辆的扩建工程对比亚迪非常重要。

另一方面，对当地政府来说，比亚迪是招商引资的"一号工程"，为发展当地经济，政府也全力推进其生产基地扩建计划。

此前的王传福，与政府打交道的次数很少。他表示，自己对当地政府的承诺太过相信。王传福在总结此事的教训时说："以后对招商比较心切的地方政府一定要警惕一些。"

2011 年，比亚迪又被曝出"裁员门"事件。此前的激进扩张中，比亚迪的销售团队达到 2700 多人，而 2010 年比亚迪的汽车销量才 52 万辆。按照汽车行业的惯例，年销售 20 万辆汽车对应 400 人的销售团队。比亚迪的销售团队人数超行业惯例一倍以上。人员过于冗杂，裁员无可厚非。但在汽车行业持续低迷、比亚迪盈利水平恶化的背景下，裁员一事被舆论过度解读，王传福再次被指责为"野蛮人"。王传福在股东大会上表达自己的委屈："裁员在所难免，比亚迪做的是正确的事，但从外界得到了不好的回应。"

2012年，深圳的一起交通事故又让比亚迪深陷舆论漩涡。这一年5月的一天凌晨，一辆日产跑车与两辆出租车相撞，造成其中一辆出租车起火，车内3人当场死亡。这辆出租车正是比亚迪生产的电动汽车。这是国内首宗纯电动车起火燃烧导致乘车人死亡的案例。一时之间，人们对比亚迪电动汽车的安全性产生怀疑，各类传言甚嚣尘上。事故发生后，比亚迪股票大跌，一度损失市值57.34亿元。此后，有关部门组织专家组，对比亚迪电动汽车开展质量鉴定。而据媒体报道，在等待鉴定结果期间，比亚迪生产电动汽车e6的工厂停工了三个月。

后来的鉴定结果显示，在"5·26"交通事故中，比亚迪e6的动力电池并未爆炸。事故原因是，比亚迪e6的高压线路和车体之间形成了短路，进而引发火情。虽然专家组对比亚迪e6的最终结论是"整车安全设计未见缺陷"，但人们对比亚迪和电动汽车的偏见已经形成，不是一时之间就能消除的。

激进扩张戛然而止后，比亚迪除汽车以外的业务，业绩也在下滑。

一向最"赚钱"的IT业务面临着调整。这一时段，手机市场正在发生巨变，移动互联网兴起。而比亚迪最重要的客户诺基亚，却没有跟上时代的脚步，错失手机智能化发展机遇，连累得比亚迪电子的业绩也大不如前，2011—2012年连续萎缩，直到2013年才有所回升。

比亚迪的光伏业务刚刚起步，还处在技术积累阶段，对比亚迪的业绩不能作出明显的贡献，反而还在消耗大量研发经费。当比亚迪发展处于上升期时，完全可以承受得住光伏研发的消耗。但经销商退网风波之后，光伏业务对整个集团的拖累便显现出来了。另外，从2011年开始，欧美市场针对中国光伏产业的反倾销、反补贴调查，令中国光伏跌入谷底，也令比亚迪的光伏业务更难有所作为。在比亚迪历年财报中，光伏业务的营收情况一直未单独列出，我们无从获知光伏业务的具体情况。但在 2012 年，王传福曾表示，光伏业务每年都在亏损，亏损额达 7—8 亿元，而光伏的亏损成为比亚迪业绩不佳的主要因素。[1]

激进扩张留下的"后遗症"，已经严重拖累到比亚迪的业绩表现，导致其高速增长态势明显放缓。

2010 年，王传福宣布调减年度销售目标之后，比亚迪第三季度业绩大幅下挫，净利润仅剩 1134 万元，而前一年的第三季度净利润高达 11.6 亿元，同比跌幅达到 99%，滑到了亏损的边缘。从 2010 年全年来看，比亚迪的营业收入虽然从前一年的 411 亿元，增长到 484 亿元，但净利润却从前一年的 37 亿元，降到了 25 亿元，同比下降 33%。

这种增长颓势此后又延续了数年。2011 年，净利润再度下降，降至 13 亿元。2012 年、2013 年、2014 年，比亚迪的净利润分别只有 0.8 亿元、5 亿元、4 亿元。而若要扣除非经常性损益的话，这三个年度，比亚迪都出现了亏损，分别亏损 4 亿元、0.5 亿元、6 亿元。

业绩大幅下降、持续的低利润，影响到了比亚迪的现金流。截至 2010 年年底，比亚迪资产负债率已接近 60%，比亚迪需偿还的贷款超过 130 亿元，经营活动产生的现金流量净额为 31.4 亿元，同比大幅下滑 74%。[2]

在此背景下，比亚迪加快了 A 股上市的步伐。2011 年 6 月 30 日，比亚迪正式在深圳交易所上市。回 A 股上市，比亚迪共发行了 7900 万股。王传福原本计划用 7900 万股募集资金 21.92 亿元，但最终发行价降低到 18 元 / 股，总共只募集到 14.22 亿元，比原计划少了 7.7 亿元。这也说明，本就疲弱的股市，对调整期的比亚迪并不太感兴趣。

值得注意的是，比亚迪 A 股 IPO 募资所得资金，除去发行费用外，

[1] 《比亚迪太阳能电池业务严重拖累业绩》，2012 年 11 月 21 日，http://www.newenergy.org.cn/tyn/xydt/201404/t20140430_230662.html。
[2] 《比亚迪折让回归 A 股》，梁冬梅，《财新周刊》，2011 年 6 月 27 日。

被用来投资三个项目：锂离子电池生产项目、深圳汽车研发生产基地项目、扩大品种及汽车零部件建设项目。这笔资金在此后的实际使用中，锂离子电池生产项目仅用了 1.3 亿元，而另外两个与汽车相关的项目共使用了 12.24 亿元。在汽车业"折戟"的王传福，看来并不想放弃这块阵地，他要重整旗鼓，东山再起。

第四节 走向开放

从"峰顶"跌落，让王传福痛定思痛，决心改变自己和比亚迪。他对外宣布，2011—2013 年为比亚迪的调整年，他要从各个方面对比亚迪作出调整。

首先要调整的就是经销商网络。王传福认为，自己过去只重视经销商的数量，而忽略了经销商的质量。因此，在三年调整期，王传福大幅缩减经销商网络，从此前的 1200 家减少到 800 家。并且，着手调整经销商和销售团队的考核机制，不再唯销量为上，而是在考核体系中加入了客户满意度等指标，以提升服务质量。

另一方面，王传福对分网销售的模式"开刀"，将 A1 称为红网，而 A2、A3、A4 合并为蓝网。此后，王传福又进行了一次并网，将两张网并为一张网，彻底抛弃了过去的分网销售模式。

调整经销商网络，是对经销商退网风波的回应，并不能体现王传福反思的可贵。而对产品品质的重视，才是他反思的最重要成果。在设定三年调整期时，王传福便规划了调整期的调整重点，即从重视汽车销量增长率转向对汽车品质的控制。王传福对媒体承认，比亚迪此前在汽车品质方面关注不足，"由于在 2010 年前，比亚迪汽车的销量连续 5 年增长 100%，让公司降低了对产品品质的重视程度。"[1]

《资治通鉴》有言："尽小者大，慎微者著。"汽车产业过去近十年都在爆发式增长，而走过狂飙阶段后，市场渐趋成熟，消费者开始更加在意汽车的品质和品牌价值。但很多本土汽车企业在这方面却乏善可陈，本土品牌一直被认为"小毛病多"。王传福的这一战略转向，恰恰顺应了市场需求的演变趋势。

为将品质控制工作落到实处，王传福在比亚迪内部进行了组织调整。品质处的地位被提升，直接向总裁汇报。2012 年 9 月时，比亚迪品质处员工达到了 500 多人，在管理部门中规模仅次于销售部。比亚迪推出的新车型要按时上市，需要这个部门亮"绿灯"，即认定新产品品质合格。

王传福给比亚迪定的品质目标是，汽车品质要和合资品牌一样。他在 2011 年提出，F3 的内部 IQS 控制要小于 10%。所谓 IQS，是指新车质量调研，即以新车卖出去 3 个月内遇到的问题多少来衡量品质。IQS 控制在 10% 以下，也就是 100 辆车卖出去后，三个月内出现损坏的车辆要小于 10 辆。结果显示，到 2012 年底，不止 F3，比亚迪全部新生产的车型都达到了王传福的要求。

除了提升产品品质，王传福还重新审视了以往的制胜"法宝"，反思它们是否还适合新的企业发展阶段和时代环境。

过去，王传福依靠中国低价而充足的劳动力，以"人工 + 夹具"的方式大杀四方。但随着中国经济的迅猛发展，用工成本逐渐升高，临时性的招工变得越来越难。王传福尝试改变他以前引以为傲的生产模式，逐渐提升工厂的自动化程度，减少对人工的依赖。比亚迪在惠州兴建的磷酸铁锂电池生产线，投入 15 亿元，年产能达到 1.6GWH。该

---

[1] 《比亚迪："破茧"难出》，黄蓓蕾，展翔，《汽车观察》,2012 年 9 月 15 日。

生产线一改"人工 + 夹具"模式，全部采用由日本进口的全套生产设备。同时，自动化程度的提高，也促进了生产的一致性，提升了产品质量。

王传福对垂直整合战略也进行了反思和调整，防止过度的垂直一体化。在比亚迪 S6 的生产中，雨刮器、油漆等不再由比亚迪自行生产，而采用进口配件和材料，以保障质量。时任比亚迪财经处总经理助理的李黔对媒体解释说，比亚迪将不再坚持"封闭式"的供应链模式，不再执着于所有配件均自行生产的方式，比亚迪将逐渐向外部供货商开放，通过供应商的良性竞争保障汽车质量。

王传福也变得越来越"开放"。

2011 年，王传福第一次将磷酸铁锂电池全自动生产线公开展示。磷酸铁锂电池技术被王传福视若珍宝，作为比亚迪的"核心技术"，在此之前从未向外界公开它的生产细节，以至于人们一度在怀疑王传福是否真的掌握了这项技术。

同样是在 2011 年，王传福第一次为比亚迪配备了专职的公关总监，他自己也罕见地在媒体面前公开露面。过去的王传福很少面对媒体，而现在，他正在尝试作出改变，让自己多一些曝光，多一些表达想法的机会。

"我们平时对媒体不太开放。"王传福认为，以前比亚迪规模很小，就算在市场竞争中被淘汰，也不会引起外界多少关注。但现在，比亚迪已经成了舆论焦点，就算没发生什么事，外界也会用放大镜来看比亚迪。此前，他忽视了与媒体的沟通，今后要补上这一课。

在三年调整期内，王传福改变了很多，但也有一些事他一直坚持着。

他的商业战略一再被大众所怀疑。人们认为，成功的企业必须集中资源在战略重点上，而王传福却在发展传统燃油汽车和发展电动汽车之间摇摆不定。不断有人预言他无法兼顾燃油汽车和电动汽车的发展，必将在两者之间作出抉择，否则将把企业拖入困境。

然而，在质疑声中，王传福的产业发展思路并没有改变。他依然坚持"以 IT 和电池业务养汽车，以汽车业务养新能源"的发展路径。

他认为，燃油车业务与电动汽车并不矛盾。一方面，在燃油车领域积累的整车技术，可以帮助电动汽车技术发展。另一方面，燃油车业务产生的利润可以支撑电动汽车的研究，直到电动汽车市场迎来爆发期。

在2011年的一场媒体采访中，他预测，新能源汽车产业在未来三年会逐渐发展壮大，太阳能产业的爆发将在2016年。而储能电站，比亚迪2011年才开始发展，未来十年会慢慢起来。[1]

一场危机、三年调整，让王传福和比亚迪都经过蜕变成熟起来，但他一直坚持的电动汽车梦想却无论经过多少次危机都不会改变。

[1] 《王传福：危机在哪里？》，卢彦铮，梁冬梅，《财新周刊》，2011年2月14日。

第六章

逐梦新能源汽车

工程师出身的王传福，凭借对新能源汽车技术孜孜不倦的追求，最终攻克了一系列的技术难关和壁垒，让比亚迪在新能源汽车领域所向披靡。"技术为王"是他自始至终坚守的原则，他也受惠于技术。未来，无论王传福和比亚迪走向何方，技术都永远是他们的立身之本。

第一节　公交电动化

在传统汽车行业跌跌撞撞的王传福，从没有忘记自己的梦想。他仍时不时地在公开场合讲述对新能源汽车的憧憬。在传统汽车领域，屹立着众多百年车企。从技术、商业模式，到企业文化，前辈们有无数的经验可供王传福借鉴。然而，面对新能源汽车，王传福就是敢吃螃蟹的第一人。所有的一切，都要靠他自己摸索。

在二十一世纪的第一个十年，虽然也有许多企业家像王传福一样，制造出了新能源汽车，但真正能上路的屈指可数。2010 年，深圳举办了第 25 届世界电动车大会。在这次展览会现场，竟然有参展厂商的电动车电池起火冒烟。

王传福是少有的能让纯电动汽车开上公路的企业家，但他仍没能摸索到新能源汽车产业化的有效途径。很长时间内，人们对他的新能源汽车的印象只有几个概念。即使比亚迪电动汽车对个人消费者发售后，也鲜有人问津。

面对电动汽车的难以推广，王传福必须调整他的策略。

2009 年开年，国务院发布《汽车产业调整振兴规划》，规划中提出建设国家节能和新能源汽车示范工程，着重将新能源汽车推广到城市公交、出租、公务等领域。一个月后，财政部、国家发改委、科技部、工信部联合出台新能源汽车补贴政策，对 13 座城市近千辆（简称"十城千辆"）新能源汽车给予从 4000 元到 60 万元不等的财政补贴。

或许是由于对政府政策的敏感,在 2009 年前后,王传福开始将注意力从个人消费市场挪开,转而去做政府的生意,尝试去推广电动公交车和电动出租车。王传福认为,在公共事务领域推广电动汽车将更为容易。"生态文明"越来越受中国政府的重视,而王传福的电动汽车正可为其提供解决方案。即使电动汽车价格高于燃油车,政府为环境保护计,也愿意为电动汽车买单。

要生产电动公交车,王传福必须先拿到电动大巴的生产资质。当时,深圳有一家名为"五洲龙"的客车生产企业,是行业内较早生产电动大巴的企业之一。传言王传福曾希望收购五洲龙,借助五洲龙的生产资质生产电动大巴。但五洲龙报价 2 亿元,王传福认为价格过高,最终双方未能达成一致。随后,王传福将收购目标转移到位于长沙的一家大巴车生产厂商。2009 年夏,王传福花费 6000 万元将湖南美的三湘客车厂收入囊中,获得了电动大巴的生产资质。

2010 年 9 月,电动客车 K9 在长沙下线。彼时,"股神"巴菲特正在中国访问,他到长沙见证了 K9 的下线。K9 续驶里程超过 300km,是比亚迪首款 12 米纯电动大客车。K9 下线的同时,王传福还与长沙市政府达成协议,后者将向比亚迪采购 1000 辆 K9。至此,比亚迪迈出了电动大巴市场化的重要一步。

2010 年 11 月,在深圳举办的第 25 届世界电动车大会上,王传福郑重宣布,比亚迪为未来公交电动化提供了一个整体的解决方案。2011 年,王传福的公交电动化解决方案首先在深圳落地。这一年,世界大学生运动会在深圳召开。借这次世界级赛事的举办,深圳引进的首批 200 辆 K9 电动大巴开始试运营。

2011 年,比亚迪拉开了全球公交电动化的序幕。这一年也被认为是比亚迪电动大巴的元年。此后,比亚迪电动大巴业务开始飞速发展。2011—2017 年,深圳市政府持续采购比亚迪电动大巴。2017 年,除保留少部分非纯电动车作为应急运力外,深圳实现了全市公交纯电动化。这其中,有 90% 以上是比亚迪的电动大巴。比亚迪帮助深圳成为全球纯电动公交车规模最大、应用最广的城市，实实在在的"公交电动化第一城"。深圳实践表明，纯电动公交车较燃油车节能 72.9%，年均可减少二氧化碳排放 135.3 万吨。

国家政策层面也在持续推动公交环卫等行业电动化。2013 年 9 月，国务院发布的《大气污染防治行动计划》中提出，公交环卫等行业和政府机关要率先使用新能源汽车，采取直接上牌、财政补贴等方式鼓励个人购买，北京、上海、广州等城市每年新增或更新的公交车中，新能源和清洁燃料车的比例要达到 60% 以上。[1]

此后几年，全国范围内的公交电动化蓬勃发展起来，每年大约有 10 万辆公交车换成了电动车。比亚迪在深圳的"试验"为公交电动化探索出了可复制的成功经验，"深圳模式"在全国推广开来。2014 年青奥会期间，南京投放了 650 辆比亚迪纯电动公交车 K9，分布于五家公交客运分公司 14 条线路投放运营，车辆稳定运行，受到南京市民和国际友人的广泛好评。同一年，杭州也投放比亚迪电动公交 2120 辆，分别在 7 路、306 路、82 路等多条主要公交线路上运行。此外，北京、天津、广州、西安、武汉、长沙、银川、西宁、大连等地，都向比亚迪采购电动大巴。到 2019 年，广州投放的比亚迪电动大巴超过 6600 辆，西安超过了 4000 辆，杭州超过 2000 辆，大连超过 1200 辆……

到 2017 年，全国主要大城市中，90% 以上的公交车都已经换成了电动车。2018 年，王传福在中国电动汽车百人会论坛上骄傲地宣称，中国的公交电动化已成定局。

此外，比亚迪的新能源大巴还走出了国门，推动全球的公交电动化进程。到 2019 年，比亚迪在美国和英国，分别占据 80% 以上和 50% 以上的纯电动大巴市场份额。

---

[1] 《大气污染防治行动计划》，https://www.gov.cn/gongbao/content/2013/content_2496394.htm。

对于王传福来说，公交电动化以及随之展开的出租车电动化，可以为尚未成形的私家电动汽车市场铺路。当时的困境在于，个人用电动汽车大部分选择在自家充电，运营充电站无法盈利，因而中国的充电站没有像加油站一样全面铺开。这反过来导致了电动汽车车主的出行焦虑，限制了电动汽车在私家车市场的普及。解决这一问题，王传福的思路是，大巴和出租车通常不会选择在自家充电，先大力发展它们的电动化，并为它们建立充电网络。有大巴和出租车的消费，可以保证充电站的盈利。待这套充电网络完整建立起来后，私家车的出行焦虑就顺带解决了。[1]

王传福为比亚迪电动汽车业务制定了公共交通和私人市场"两条腿走路"的策略，他对此颇为自信。他说："许多企业的产品策略是错误的，看不到在电动车上需要组合拳，等我们把蛋糕上的奶油吃得差不多了，有人可能刚反应过来。"[2]

---

〔1〕 视频：《王传福的绿色帝国梦》，https://video.caixin.com/2014-08-22/100720239.html?originReferrer=caixinsearch_pc。

〔2〕 《比亚迪30年的13个决定性瞬间：关于野心、抉择和一些运气》，https://news.qq.com/rain/a/20241120A00K7J00。

第二节 "7+4"全市场战略

比亚迪以公交电动化为突破口，全面推进公共领域其他车辆的电动化进程。

与公交电动化同时推进的，是出租车的电动化。

2010年，比亚迪e6电动车率先成为深圳出租用车。当年3月，鹏城电动出租车有限公司成立。该公司由比亚迪与深圳巴士集团合资设立，比亚迪占股45%。

鹏城电动注册资金2000万元，是我国国内第一个将电动出租车规模化商业运营的公司。刚开始，鹏城电动只使用了50辆比亚迪E6电动车。此后才逐年增加数量。2011年，鹏城电动又购买并运营了250辆E6电动车。2012年又投入了500辆电动出租车。鹏城电动成立之初连续两年亏损，2011年时，亏损已达570万元。但随着规模扩大，电动出租车的经济性显现出来，2012年上半年鹏城电动就实现了扭亏为盈，盈利239万元。

"鹏城样本"的可行性被证明后，比亚迪开始将其复制到全国。在太原、杭州、南京、武汉、西安、北京、天津、长沙等地，比亚迪电动出租车推广开来。在太原，地方政府将大部分出租车都替换为比亚迪电动出租车，数量超过7000辆；在南京，地方政府于2014年分三次共采购了940辆比亚迪E6纯电动出租车；在西安，2012年，西安市政府发布《西安市强工业抓落实稳增长行动方案》，为比亚迪汽车在出租车行业的市场份额划定了最低线。行动方案中提出，全市出租车中，比亚迪汽车要有 85% 以上，新增或更新的出租车原则上要优先使用比亚迪汽车。除此之外，还要求全市机关采购的公务用车中，比亚迪汽车占比要在 20% 以上。

除了电动公交和电动出租车，王传福还想让更广范围内的交通设施都用上比亚迪的电动汽车技术。

2015 年 4 月，比亚迪正式发布了新能源汽车 "7+4" 全市场战略，"7" 代表七大常规领域，即私家车、城市公交、出租车、道路客运、城市商品物流、城市建筑物流、环卫车；"4" 代表四大特殊领域，即仓储、矿山、机场、港口，在这四个特殊领域，比亚迪推出了一批专用车产品。[1]

其中，电动叉车曾被王传福寄予厚望，他希望电动叉车能在未来 3—5 年内做到 100 亿元的规模，"作为企业家来说，规则要抓住，机会更要抓住。"

此后三到五年，电动叉车市场并没有迎来爆发，王传福的预想未能实现。不过，比亚迪一直不曾放弃拓展电动叉车业务。此后，比亚迪的叉车产品销售遍及全球市场，广泛应用于石化、物流、汽车及零部件、饲料、造纸、食品饮料等行业。比亚迪电动叉车使用磷酸铁锂电池，相比于传统的铅酸电池，充电快、维护简单，受到市场欢迎。宝马、东风、通用等汽车制造企业都在工厂内使用比亚迪叉车。其他行业的龙头企业也纷纷成为比亚迪叉车的战略合作伙伴，其中包括京东、韵达、娃哈哈、茅台等。

此外，2015 年国庆期间，比亚迪在北京投放了电动环卫车，清洗天安门前的石板路，为国庆阅兵保驾护航，并借此机会开启了电动环卫车市场。2018 年 5 月，比亚迪在深圳下线了电动泥头车，并投入试

---

[1] 《深化新能源发展方向 比亚迪 "7+4 战略" 全面引领未来绿色出行》，《中国青年报》，2016 年 5 月 19 日 10 版。

运营。所谓泥头车，就是在工地、建筑场景中用来运输渣土的专用车辆。此前，戴姆勒、特斯拉有电动重卡概念车，但都没有量产，比亚迪做到了全球首次运营此类车辆。2015年，比亚迪还与网约车公司滴滴合作，成立了"亚滴新能源"，覆盖了网约车市场。

"7+4"战略之下，比亚迪形成了丰富的产品矩阵。针对各种应用场景，比亚迪都有能满足市场需求的汽车产品。秦、唐、宋、元等新能源汽车主要针对私家车市场；公交车市场，比亚迪的产品更为丰富，包括了K6、K7、K8、K9、K10等纯电动公交大巴，此外还有铰链式大巴、双层大巴等；e5、e6纯电动车则主要针对出租车市场，这两款车型优势在于可以极大减少出租车里程焦虑，其续航里程分别能达到400km和300km；在道路客运市场，比亚迪推出了C6、C8、C9等纯电动客车；针对城市商品物流领域，比亚迪有T3、T5、T7等纯电动物流车；此外，比亚迪还有城市建筑物流车J9、环卫纯电动洗扫车T8等车型。

比亚迪做到了新能源车全市场覆盖。王传福对此颇为骄傲，他说："未来将把中国道路交通领域所有用油的地方，全部用电解决！"

撑起"7+4"战略的，是比亚迪迅速扩充的产能。

外界认为，王传福能迅速打开各地的公交车和出租车市场，源自其"投资换订单"模式。王传福与地方政府合作，比亚迪在当地投资建厂，换取地方政府订购比亚迪的电动公交和电动出租车。对于比亚迪来说，如果不在各地投资建厂，则无法突破地方保护主义的掣肘，拿不到地方政府的订单。而对地方政府来说，在深圳注册的企业难以直接贡献异地税收。只有当比亚迪在各地注册子公司、兴建工厂后，才能为当地带来就业、税收，以及带动产业升级。

双方一拍即合，比亚迪的"投资换订单"模式快速复制。媒体统计，从2012—2015年期间，比亚迪开建的客车生产基地，遍布于中国10个城市。截至2016年9月，比亚迪许诺给各地的投资合计高达300亿元，产能达到了41000辆大巴车。比亚迪的生产基地遍布全国各大城市，除较早的西安、深圳、长沙之外，此后又陆续在天津、南京、广州等地建厂。

比亚迪的汽车工厂短时间内遍地开花，各地政府对其趋之若鹜，都试图将自己置于比亚迪汽车版图中的重要位置。在北方，天津市号称自己是比亚迪"华北首个"新能源大型客车生产基地；辽宁大连则自称是比亚迪在"东北唯一"的生产基地；河北承德也称自己为比亚迪"北方最大"的新能源汽车研发生产基地。在南方，比亚迪更是热度不断攀升。武汉号称是比亚迪"华中首个"新能源客车、专用车生产基地；长沙自称是比亚迪"最重要"的新能源客车生产基地；杭州、南京，也都在为成为比亚迪华东总部而争抢。[1]

王传福在全国"疯狂"建厂，虽然有过于激进之嫌，但确实为比亚迪的发展在战略上下了一步好棋。比亚迪既拿到了当地公共交通领域的订单，又借此机会打开了当地的私家车市场。更为重要的是，遍布全国的产能，为此后新能源汽车市场的爆发做好了准备，让王传福可以迅速响应市场变化，抓住机遇快速崛起。

---

[1] 《比亚迪"攻城"计》，李俨如，汤禹成，赵雅，《南方周末》，2016年9月1日。

第三节 "王朝"时代

在公交车、出租车等领域的成功，并没有冲昏王传福的头脑。他还是清醒地知道，电动汽车产业化的大发展，最终还是要靠私家车市场。

在私家车市场，王传福早在 2008 年就推出过中国第一款自主技术的混动车型 F3DM。但比亚迪的新能源汽车一直只是人们口中的谈资，销量数据目不忍睹，更不用想推动电动汽车产业的迭代前进。

直到 2013 年 12 月，插电式混合动力车比亚迪"秦"正式上市，才让王传福看到了新能源私家车市场的"曙光"。

秦的最大特点是其动力系统。秦以升级后的第二代 DM 双模技术为基础，实现了在纯电动和混动两种模式间自由切换。该系统包括一个 1.5T 发动机和一个电动机，最大综合功率可达 223KW，混动模式下的最大扭矩为 440N·m。并且，"秦"还使用了 6 挡 DCT 双离合变速器，0-100km/h 加速时间只有 5.9s。此外，"秦"在纯电状态下可续驶 50km、油电混合状态下百公里油耗仅为 2L。[1]

王传福对"秦"寄予厚望，在品牌宣传上下足功夫。"秦战列国""千里寻秦""秦人秦车秦直道"等宣传活动，让比亚迪"秦"享受到了此前比亚迪任何一款车型都未享受到的待遇。

---

[1] 《秦战列国，比亚迪的高调转变》，陈卓，《汽车与驾驶维修》，2013 年 12 月 3 日。

2013 年，比亚迪"秦"还参加了一场 0-400m 竞速赛，此前比亚迪从不参加任何汽车运动赛事。与"秦"一起参加比赛的，既有别克君威、斯柯达明锐等普通乘用车，也有保时捷 911、福特野马等大马力车型。比亚迪最终获得了 19 胜 15 负。值得一提的是，在一众获得胜利的车型中，比亚迪售价最便宜，市场标价为 20.98 万元。

一年后，比亚迪"秦"再次参与竞速赛。2014 年 12 月，"秦战列国"直线加速挑战赛在天津举行，比亚迪"秦"与其他参赛车辆进行直线 400m"单挑"。最终，比亚迪"秦"获得 16 胜 9 负。王传福试图在一次次竞速赛的"实证"中，向人们展示比亚迪新能源汽车的优越性能，擦掉人们心中比亚迪"低质""山寨"的固有形象。

"秦"自推出，销量不断攀升。2014 年，比亚迪"秦"卖出去 14747 辆，荣获当年新能源汽车销量冠军，其销量已经超过比亚迪过去五年所有电动车销量之和。比亚迪"秦"受到市场热捧，甚至一度生产跟不上销售。比亚迪"秦"在上海地区的销量占其全国总销量的 80%，2015 年，这里的"秦"一度出现脱销。

继"秦"之后，2015 年，王传福又推出了"唐"和"宋"。

"唐"主攻 SUV 市场，兼具强劲性能与高性价比。"唐"是"542 战略"的第一款产品，同时也是全球第一辆三擎四驱双模 SUV，被认为标志着比亚迪 SUV 年正式开启。比亚迪"唐"的外观很有特色，它的前脸中网格栅是倒梯形，底部选用大嘴式设计。灯组设计也很独特，前灯融合 LED 元素，尾灯呈现 U 型。另外，"唐"的行李厢上装点着大面积镀铬，让人印象深刻。比亚迪"唐"有普通版和极速版两个版本，预售价分别定为 30 万元和 60 万元。在当时，这一定价不仅高于行业主流的燃油 SUV，也高于一些豪华品牌的 SUV。

比亚迪"宋"并不只有新能源汽车，仅在 2015 年 10 月上市时，就有燃油、双模两个版本，共 9 款车型。"宋"在设计上，试图展现引领潮流的科技创新魅力。"宋"的车身为双色，并配备有 CarPad 多媒体系统、全景天窗、软内饰、全时电四驱、移动电站等。"宋"燃油版的价格为 9.69

万—14.69 万元，双模版全时四驱旗舰型价格为 28 万元。

2016 年，比亚迪又推出"元"。"元"为小型 SUV，走年轻化和亲民路线。"元"最初有 1.5L、1.5T、插电式混合 3 种类型 14 款车型。燃油版"元"价格为 5.99 万—12.19 万元，混合动力版"元"价格为 20.98 万—24.98 万元。

此外，这些车型还有各自的衍生车型。比如，宋还衍生出宋 Pro、宋 Max 等。

以"王朝"之名命名汽车，极具中国特色。改革开放后，中国的汽车市场便成了合资品牌的天下。"秦""唐""宋""元"一出，便立刻印上了民族烙印，加之王传福不断宣传的"自主研发"，和比亚迪多年在新能源车上面的坚持，让其开始一点点甩掉"山寨"的帽子。很多中产阶级开始相信比亚迪在新能源技术上的实力，并在购买新能源车时，优先考虑比亚迪。

"王朝系列"的推出对比亚迪品牌的提升作用显著。比亚迪秦在上海开售后，王传福感慨地说："原来很多小白领是不应该进我们的店的，这一次终于进了我们的店。"

当时媒体采访了一位车主，讲述了他对比亚迪改观的过程。这位 32 岁的创业者，刚买了一辆比亚迪"秦"。他那些开奔驰、宝马的朋友嘲笑他，"听说一用力会把方向盘摘下来。"

"之前比亚迪给人留下的印象太糟糕了，但我知道比亚迪近年来已经提高了自己的品质，而且它在新能源汽车上确实有领先的技术。"[1] 这位车主说，他喜欢比亚迪为"秦"设计的各种方便的功能。比如用 APP 提前打开空调，一上车就不用像待在蒸笼里了，这个在夏天特别有用。他用了一段时间比亚迪"秦"后，发现车辆并没有出现什么问题。

---

[1] 《重新发现比亚迪》，李雪娜，吴静，朱世耘，《财新周刊》2014 年第 33 期。

并且，他注意到，混动汽车的油加电，比燃油汽车纯烧油便宜至少一半。在事实面前，他的朋友们也改变了对比亚迪的偏见，觉得这车也"不像原来想的那么差"。

以"秦"为代表的混动车在市场上热销，并取得国内新能源车的头把交椅，说明比亚迪的混动车已经得到消费者的认可。当然，今天的我们知道，王传福开启"王朝时代"的时候，中国新能源汽车产业也正开始了一轮爆发周期。行业红利与自身的坚持，共同让比亚迪的混动车获得了市场认可，为此后一轮更大的产业爆发奠定了基础。在未来一段时期内，以混动车为代表的新能源汽车市场是比亚迪的主要战场，这一战场弥补了比亚迪燃油车发展缓慢留下的身后空白。

第四节 技术为王

初入汽车领域时，比亚迪便戴上了"山寨"的帽子。此后，比亚迪一直都摆脱不掉这顶帽子。在大众舆论中，比亚迪总是与"自主研发""高科技"等词无缘。E6 推出后，王传福强调这是比亚迪首款全原创设计车型，但人们仍为其技术的可靠性担忧。由于电池的存在，E6 非常重，整车的重量接近 3 吨，而一般的轿车重量不会达到 2 吨。也是由于重量增加了，影响到转向和制动系统的工作，汽车起步不够流畅，受到出租车司机的抱怨。此外，E6 宣称的续航里程有 300 公里，但出租车司机们仍担心行驶的过程中电量耗光，必须要小心翼翼地计算顾客的行程。司机们甚至还研究出应对方法：当 E6 电量真的耗尽时，让它先在路边"睡"一会，然后再启动，电量就能又"回来"一点了。

虽然新能源汽车的技术有很多不完美，但王传福正试图一点点改变比亚迪。2013 年王传福打出"技术为王，创新为本"的品牌口号，试图以此激励自己和同事们，锻造属于自己的技术实力，从学习模仿发展到掌握核心技术。他也必须如此做，新能源汽车不同于传统燃油汽车。比亚迪可以复制其他厂商的燃油汽车技术，但却找不到一家新能源汽车厂商去"山寨"。比亚迪自己就是新能源汽车技术的开拓者，一切只有靠自己。

2014 年，比亚迪"秦"一举夺得新能源汽车年度销量冠军，王传福的公交电动化战略也如火如荼进行着。另一方面，对于行业来说，这一年是新能源汽车真正普及的消费元年。

在公司业务取得初步成绩、行业趋势愈发明朗的背景下，王传福决定为后续发展制定一个全新的性能、安全和油耗标准。因此，在 2014 年 4 月，比亚迪发布了针对新能源汽车产品的"542 战略"。

此前，在比亚迪"秦"上，王传福已经解决了 F3DM 的一些技术问题，比如涡轮增压、双离合器、缸内直喷。由此，"秦"的百公里加速度才能达到 5.9 秒，而百公里油耗仅有 1.6 升，只是同类汽车的 20%。但王传福对此并不满意，他希望能够将百公里加速控制在 5 秒以内，实现全时电四驱，让百公里综合油耗降至 2L 以内，这就是"542 战略"。在传统燃油车领域，这三个数据指标一般只出现在豪华车型中，并且是燃油车能达到的极限。现在，比亚迪要彻底推翻旧有的汽车标准，在新能源汽车领域重新定义性能、油耗和安全。

"542 战略"的首个实践是比亚迪"唐"。"唐"有两个版本，极速版和普通版。"唐"极速版的百公里加速达到了 4.5 秒，"唐"普通版的百公里加速也有 4.9 秒。"唐"配备的超级全时电四驱，带来了高效传动、极速响应和更高安全性的优点。"唐"可以在两种动力模式之间自由切换，短途时用电动模式，长途时用混动模式。如此，"唐"将百公里油耗降到了仅 2 升，成为低能耗的 SUV。

"唐"之所以能降低油耗，缘自其加装了更多的电机。行驶较慢时，汽车由加速更快的电机驱动；当行驶速度偏中速时，使用混动模式驱动；当汽车高速行驶时，由燃油来驱动。"唐"配备了很多电机，使其可在行驶过程中进行充电，既降低了油耗，又不会影响到驾驶体验。这项创新技术，此后一直应用在比亚迪各种车型中。

王传福一直对产品研发十分重视，2016 年比亚迪研发人员共有将近 2.4 万人，研发投入高达 45.2 亿元，在自主品牌车企研发体系建设中处于领先地位。在提出"542 战略"三年后，比亚迪的技术专利超过了一万件，包括 542 技术、双模技术、全时电四驱、磷酸铁锂电池、双向逆变充放电技术等。尤其是 DM 双模混动技术、全时电四驱、双向逆变充放电技术，刷新了业界对国产车的认知，为比亚迪迅速提升形象加分不少。

王传福对自己的新能源汽车技术颇为自信。在比亚迪公布的财报中，认为自己的核心竞争力第一项便是技术。财报中称，公司拥有全球领先的电池、电机、电控等核心技术。比亚迪不仅在新能源车领域开发出双模技术、双向逆变技术等，而且在传统汽车方面，比亚迪在动力总成领域自行研发出了 TID 技术（涡轮增压直喷发动机 + 双离合变速器）。

这里提到的动力总成技术，是汽车发展的核心竞争优势所在。实际上，早在 2008 年，比亚迪便开始研发 TID 技术。到 2014 年，比亚迪的 TID 动力总成技术应用广泛，包括应用在 1.2TI、1.5TI、2.0TI 涡轮增压发动机，以及 6 速干式 / 湿式双离合变速箱等。其中，2.0TI 囊括了 10 项先进技术，包括涡轮增压、缸内直喷、起停技术、双 VVT 技术、充钠气门、智能发电机等。2.0TI 的最大功率已有 151 千瓦，最大峰值扭矩达到 320 牛·米。相较竞争对手，2.0TI 具有更强的动力、更低的油耗、更优的排放、更长的耐久、更好的静音。装备的湿式双离合器耐热负荷性以及使用寿命，都远远超过了竞争对手的变速器。比亚迪 TID 动力总成既应用在燃油车上，也应用在双模混动车上。王传福将电机和 1.5TID 巧妙融合，应用于比亚迪"秦"上，使其百公里加速达到了 5.9 秒。此后，比亚迪沿用此思路，推出了更多的电机 +TID 动力组合，应用在"唐""宋"等双模混动车上。

工程师出身的王传福，凭借对新能源汽车技术孜孜不倦的追求，最终攻克了一系列的技术难关和壁垒，让比亚迪在新能源汽车领域所向披靡。"技术为王"是他自始至终坚守的原则，他也受惠于技术。未来，无论王传福和比亚迪走向何方，技术都永远是他们的立身之本。

第五节 登顶全球销冠

2015 年，中国第一次超过美国，成为世界上最大的新能源汽车消费市场。这一年，比亚迪新能源汽车销量达到 6.17 万辆，首次成为全球新能源汽车销量冠军。从其收购秦川汽车，进入汽车行业算起，只用了 13 年。若从其推出第一款新能源汽车 F3DM 算起，只用了 8 年。

而王传福的新能源汽车登顶过程，与中国社会对环境保护的重视息息相关。

2013 年的新年刚刚过去，一场大雾就笼罩了几乎整个中华大地，从华北到华南，空气里都弥漫着灰蒙蒙的"雾"。无数人第一次听到"雾霾"、PM2.5 这些词汇，人们惊讶地发现，环境污染已经直接影响到自己的生活。1 月 12 日那天，北京的每立方米空气中 PM2.5 含量竟然超过了 1000 微克，比世卫组织设定的标准高出 40 倍。这是中国气象史上首次发布雾霾橙色预警信号。

环境问题迫在眉睫，政府开始加紧出台政策予以解决。当年 9 月，国务院发布《大气污染防治行动计划》，其中特别强调"大力推广新能源汽车"。

2014 年，国内新能源汽车产业迎来第一个爆发期。7 月，《国务院办公厅关于加快新能源汽车推广应用的指导意见》发布，中国的新能源汽车市场才真正启动。这一年，北汽集团公告称，将在 5 年内投入 50 亿元，用于建设新能源汽车产能。北汽还表示，每年将 30% 的费用用于新能源汽车技术研发。此外，上汽、广汽、长安、东风等传统车企纷纷发力新能源汽车市场。互联网造车大幕也在这一年拉开。李斌与李想合作，共同创办了蔚来汽车。何小鹏投资入股小鹏汽车。2015年，李想创办了理想汽车，沈晖创办了威马汽车。

比亚迪新能源汽车业务也开始提速。2014年，比亚迪的市场份额升至全球第七。时任比亚迪汽车销售公司副总经理的李云飞感叹道："幸福来得太突然。"在比亚迪内部，弥漫着耕耘八年即将迎来收获期的喜悦氛围。

汽车销量方面，2013年比亚迪的纯电动汽车E6每月销量还仅维持在百辆上下，但到了2015年，E6的月均销量近700辆，当年总销量8375辆。

王传福本人也因新能源汽车不断出现在大众视野中。2013年年初，凭借在太阳能、储能以及电动车等新能源领域"为世界可持续发展作出的巨大贡献"，比亚迪成为中国首家获得"扎耶德未来能源奖"的大型企业。这项以阿联酋奠基人命名的奖项，被视为新能源领域内的"诺贝尔奖"。

2015年，王传福作为专家委员，得以参加了"十三五规划"的制定。参与其中的众多专家委员中，只有4位企业家。除王传福外，还有中粮董事长宁高宁、中国银行董事长田国立、格力集团董事长董明珠。其他三位都是国企掌门人，只有王传福来自民营企业。第二年，《"十三五"国家战略性新兴产业发展规划》发布，实现新能源汽车规模应用是其中一项。

王传福成为关注度颇高的企业家。2016年9月，王传福的一张照片在网上意外走红。照片中，王传福身穿白色衬衫，蹲在马路边吃着盒饭，网友将其称为"怪咖"。在外界看来，王传福和自己在机场排队打车的华为创始人任正非一样，身价不菲，却仍过着质朴的生活，并且，他们都是难得的企业管理家。

王传福还屡屡被大众拿来与大洋彼岸的马斯克作对比。2011年，媒体问马斯克，对比亚迪印象如何。马斯克一边大笑，一边回答，"你见过他们的车吗？"马斯克当时非常肯定比亚迪不可能成为特斯拉的竞争对手，他认为比亚迪无论是产品还是技术都不值一提，很可能会在某个时候倒掉。

随着比亚迪电动汽车业务的崛起，一个新的用户群体诞生了——"迪粉"。

"迪粉"这个词最初出现在网络上，是由一批比亚迪汽车的用户自然发起，他们组建了属于自己的 QQ 群，一起沟通和分享驾驶体会。随着自媒体时代的到来，他们又在微博，微信等社交群里不断活跃。随着人数的增加，他们的影响力越来越大。到了 2013 年 9 月，比亚迪召开技术发布会，特别邀请了 10 多个核心"迪粉"到现场，由此"迪粉"正式被比亚迪官方接纳。此后，在比亚迪内部还设立专门部门，以及开通了一个 APP"迪粉汇"，专门用来对接"迪粉"。王传福也很重视"迪粉"，他多次在比亚迪内部会议上表示，发展和管理好"迪粉"是公司的长期战略。2015 年 1 月，比亚迪召开了第一届"迪粉大会"。一位"迪粉"在会上深情地说："一个能让飞船上天的民族，怎能没有民族汽车技术狂？"据说，他的这句话让王传福潸然泪下。"迪粉"们还集体送给王传福一份礼物，是一份集合"迪粉"集体智慧的改进建议书。

2016 年，王传福 50 岁。"知天命"的他仍然表现出超常的自信，他对媒体表示："倘若 60 岁退休，还有十年时间。在退休前，我会把比亚迪的管理层委员会的体制和框架搭稳，若一切顺利，那时比亚迪规模优势形成，竞争对手就没有机会了，在退休前，我希望有人告诉我，比亚迪挺好。"[1]

---

[1] 《"怪咖"王传福》，刘俊晶，王国信，《经济观察报》，2016 年 12 月 30 日。

第七章

至暗时刻

在各方"围追堵截"中,比亚迪在 2019年彻底跌入谷底。这一年,比亚迪新能源汽车销量为 23 万辆,同比下跌 7.38%。而特斯拉以 36.7 万辆的销量超过了比亚迪,夺走了比亚迪已经占据 4 年的全球新能源汽车销冠的位置。

第一节 举步维艰的新能源汽车

从 2016 年开始，随着国家产业政策的调整，比亚迪逐渐陷入困境。2017—2019 年，比亚迪增收不增利。2019 年，也被王传福称为比亚迪的"至暗时刻"。

从 2014 年开始，新能源汽车产业开始一轮爆发，但三年的蓬勃发展背后却乱象百出。很多造车新人一直拿不出产品，被人们戏称为"PPT 造车"。更严重的是出现了"骗补"丑闻。中国的新能源汽车产业补贴政策始于 2009 年，2013 年时补贴扩大至 88 个城市，催生了次年的产业爆发。2013—2016 年，是新能源车补贴高峰期。对一个新兴产业进行政策扶持，是各国的惯例，本无可厚非。但在政策执行过程中，为维持企业经营，一些企业虚报销量，骗取国家补贴。当时业内流传的一份未经证实的"骗补"名单显示，行业骗补总金额近 100 亿元，占补贴总额的 27.7%。新能源汽车的市场"形象"受到严重打击。比亚迪虽然没有参与"骗补"，但也屡次受到一些人的质疑。

一方面新能源汽车补贴政策带来一系列问题，另一方面，新能源汽车产业已逐渐发展起来，可以经受市场化的考验。因此，从 2016 年到 2020 年，中国的新能源汽车补贴政策逐步退坡，直到 2020 年底完全退出历史舞台。

2016 年 12 月，财政部等四部委发布通知，要求地方财政补贴总和只能等于或低于中央财政补贴的 50%。通知还规定，除燃料电池汽车之外的各类车型，2019 年、2020 年补贴标准在现行基础上退坡 20%。同时，补贴方式由预拨改为事后清算，车企需垫付资金，次年满足条件后才能申领。例如，纯电动乘用车中央最高补贴从 5.5 万元降至 4.4 万元，插电混动从 3 万元降至 2.4 万元，新能源客车最高补贴由 50 万元大幅降至 30 万元。

2017 年 3 月，四部委明确非个人用户车辆累计行驶达不到 3 万公里者，不能申领补贴，进一步限制"骗补"行为，并延续清算制改革，加剧车企资金压力。此外，补贴技术门槛提高，如新能源乘用车百公里电耗要求趋严，商用车补贴按车型长度分段计算。

2018 年 2 月，插电混动乘用车、新能源客车及专用车补贴标准普遍下调 30%、50%，补贴向高续航、高能量密度及低能耗车型倾斜。同时，延续 2016 年政策框架，明确 2019—2020 年退坡幅度，为后续大幅退坡铺路。

2019 年 3 月，补贴标准较 2018 年平均退坡 50%，续航低于 250 公里的车型取消补贴，电池能量密度门槛也向上提升。地方补贴在过渡期后全面取消，仅保留对公交和燃料电池汽车的支持。此举直接导致车企短期盈利承压，倒逼技术升级与成本控制。

政策的变化促使市场逐渐从"政策输血"过渡到"市场造血"，补贴退坡叠加技术门槛提升，加速了行业低端产能的出清。但补贴依赖症等问题也显现出来，并且，行业寒冬之中，竞争变得愈发激烈，企业生存愈发艰难。

比亚迪的新能源客车业务与补贴政策深度绑定，而政策的变化直接体现在其业绩上。

2016 年之前，新能源汽车享受超高补贴，单车利润远超燃油车。以纯电动大巴为例，单辆补贴可达数十万元，当年全国 700 亿元补贴大部分流向客车领域。比亚迪凭借大巴业务在 2016 年实现净利润突破 50 亿元，补贴红利直接推高企业毛利率。

随着 2017 年补贴标准下调，如电动大巴单车补贴减少 13.5 万元，比亚迪当年净利润同比下跌 19.5%，只有 40.66 亿元。但真实冲击被 12.75 亿元政府补助部分掩盖。此时的比亚迪已暴露出核心问题，剔除补贴后，新能源业务自身造血能力薄弱。

到 2018 年，补贴依赖症彻底暴露。当年一季度刚过去，比亚迪公布的财务数据就引发市场震动。在仍获得 6 亿元补贴的情况下，比亚迪净利润暴跌 83%，扣除非经常性损益后实际亏损 3.29 亿元。而 2018 年全年，比亚迪的净利润降到 27 亿元，扣除非净利润只剩 5 亿元。

除了补贴退坡带来的冲击，行业竞争格局的变化也在考验着比亚迪。作为最早布局新能源汽车领域的企业之一，比亚迪凭借在电池技术领域的深厚积累和全产业链布局优势，长期占据国内新能源市场的领先地位。其插电式混动与纯电双线产品策略覆盖多个细分市场，2017 年销量突破 11.2 万辆，连续四年稳居国内销量冠军。然而随着行业爆发式增长，竞争格局发生深刻变化。

国际方面，特斯拉展现出强劲攻势。作为全球电动车标杆企业，其 Model 系列车型通过 21700 三元锂电池和 BMS 系统实现超 600 公里续航，辅以 Autopilot 自动驾驶技术，在高端市场形成技术壁垒。2018 年特斯拉以 24.5 万辆的全球销量夺得冠军，2019 年上半年更以 16 万辆成绩超越比亚迪的 14.1 万辆，品牌溢价能力显著。

国内方面，北汽新能源的快速追赶尤为突出。依托 EC 系列等微型电动车，其 2017 年销量突破 10.3 万辆，与比亚迪差距缩小至 1.1 万辆。同时上汽集团通过荣威 Ei5、ERX5 等车型实现年销 10 万辆突破，广汽新能源 Aion 系列开启智能化转型，传统车企集体发力新能源赛道。更为严峻的是，蔚来、小鹏等造车新势力在 2018 年后集中交付，通过直销模式和智能座舱创新抢夺中高端用户，形成差异化竞争。

在各方"围追堵截"中，比亚迪在 2019 年彻底跌入谷底。这一年，比亚迪新能源汽车销量为 23 万辆，同比下跌 7.38%。而特斯拉以 36.7 万辆的销量超过了比亚迪，夺走了比亚迪已经占据 4 年的全球新能源汽车销冠的位置。比亚迪的汽车业务毛利率也从 2018 年的 19.78% 下降至

2019 年的 16.29%。此外，比亚迪的动力电池业务被宁德时代压制，云轨项目因政策叫停导致大量投资冻结。多重因素下，比亚迪 2019 年净利润同比暴跌 42%，降至 16 亿元。2017—2019 年，三年的净利润累计降幅超 60%。

王传福后来回忆称："在很长一段时间，比亚迪几乎都在原地踏步、停滞不前，到 2019 年迎来'至暗时刻'，当时只有一个目标，就是活下去。"

第二节 来自"宁王"的挑战

电池是王传福起家的业务，转战电动汽车也是基于动力电池的优势，可以说，王传福的新能源梦想就是以电池为轴的。而在锂离子动力电池领域，比亚迪积累了十余年的经验及技术，拥有许多核心知识产权。市场份额方面，比亚迪长期占据着国内动力电池出货量冠军之位。到 2018 年，比亚迪动力电池累计配套车辆达 40 万辆，业务覆盖全球 50 多个国家和地区的 200 多个城市。

然而，随着 2015 年中国电动汽车市场兴起，动力电池需求被强力拉动，这一领域的竞争越来越激烈，宁德时代、高轩高科、亿纬锂能等动力电池生产厂商迅速崛起。2018 年初，2017 年度国内动力电池出货量榜单发布，一向位列首位的比亚迪，竟然被"黑马"宁德时代超越。王传福"电池大王"的桂冠，也只能拱手让给了宁德时代创始人曾毓群。

王传福与曾毓群有颇多相似之处。曾毓群比王传福年轻两岁，两人大学毕业后都有一份稳定而体面的工作。然而，他们都不安于现状。曾毓群也是放弃了国企"铁饭碗"的工作，选择下海创业。同样，两人都看中了消费类电池行业，并都在这个领域取得了商业成功。此后，王传福选择去做 IT 代工和汽车业务，曾毓群则继续专注在电池领域。2017 年，曾毓群创办的 ATL 已是全球第一大聚合物电池生产商。两人看似不会再有任何交集。

但最终，王传福和曾毓群殊途同归，又在动力电池领域相遇了。

王传福从汽车行业迂回，为制造电动汽车而生产动力电池。而曾毓群也看到了新能源汽车发展所带来的产业机遇，早早开始布局动力电池业务。2011 年，曾毓群在家乡宁德成立了宁德时代。

2015 年，新能源汽车市场爆发，宁德时代出货量开始飙升。当时工信部公布的新能源汽车目录一共有 3200 款车型，其中有 500 款车型搭载宁德时代的电池。2017 年，宁德时代超过了比亚迪，夺得国内动力电池出货冠军。不只在国内，在 2017 年全球出货榜单上，宁德时代也超越松下、LG 等传统电池巨头，荣登动力电池全球出货榜首。

宁德时代的客户包括宇通、上汽、北汽、吉利、福田汽车、中车、东风、长安、奔驰、宝马等众多国内外汽车厂家。而王传福运用垂直整合战略，比亚迪生产的动力电池大部分只供应给比亚迪电动汽车。2017 年，比亚迪动力电池装机量为 5.66GWh，占国内市场总装机量的 15%。而宁德时代动力电池的装机量高达 10.4GWh，占到了国内市场总装机量的 30%，是比亚迪市场占有率的两倍。

从此之后，宁德时代动力电池一直领先比亚迪。2018 年，宁德时代动力电池装机量 23.41GWh，比亚迪 11.43GWh。2019 年，宁德时代装机量 31.71GWh，比亚迪 10.76GWh。双方之间的差距越来越大。

动力电池领域发生的变化，不只是市场份额排名的变化。"旧王"比亚迪，还要在技术路线、产能规模等方面，面对宁德时代和其他动力电池新秀们的冲击。

首先是电池技术路线之争。动力电池分为多种技术路线，其中最被行业看好的技术路线有两种——磷酸铁锂电池和三元电池，两者一直处在激烈的竞争中。磷酸铁锂电池的优点在于寿命较长，稳定性和安全性较高。而三元锂电池虽然在安全性和稳定性方面弱于磷酸铁锂，但其能量密度却比磷酸铁锂更高，这意味着其续航里程长。在 2020 年之前，补贴政策直接与能量密度、续航里程挂钩，导致三元电池市场规模逐渐扩大，有成为市场主流的趋势。而磷酸铁锂电池则更多应用在商用车和储能领域。市占率方面，2016 年，磷酸铁锂电池占比 72%，三元电池仅 23%；但到 2019 年，三元电池份额飙升至 62%，磷酸铁锂降至 32%。

技术路线竞争不只是技术与产品的更新迭代问题，更牵扯到押注技术路线的电池厂商在未来的市场份额，甚至有时技术路线的选择会决定企业的生死。宁德时代正是凭借三元电池技术路线迅速崛起，超越比亚迪夺得全球动力电池销量冠军，2019 年，其市占率达 52.85%。比亚迪一度押注磷酸铁锂技术路线，是国内磷酸铁锂电池的"领头羊"，但其 NCM622 电池包能量密度（160Wh/kg）落后宁德时代 NCM811 的 180Wh/kg，导致外部客户流失，在乘用车领域错失先机。2019 年，比亚迪的动力电池出货量仅为宁德时代的 1/3。从 2016 年起，比亚迪旗下的新能源乘用车开始匹配三元电池，但磷酸铁锂电池一直是其坚持的技术方向。正是由于对磷酸铁锂电池的坚持，在 2020 年后，王传福以此为突破口，发起了一场电池大战。

除了技术路线的竞争，动力电池领域产能过剩状况严重。中国的动力电池产能 2014 年之后快速扩张，到 2016 年，新增产能已是 2015 年的 2.8 倍。2017 年产能过剩达到 157%，行业平均产能利用率仅 30%。2018 年，高工产业研究院（GGII）发布行业产能数据，其中，宁德时代的产能利用率最高，达到了 76%。但除宁德时代外，整个行业的产能过剩情况都令人担忧。比亚迪的产能利用率降到了 54%。而出货排名 3—10 名的动力电池企业，产能利用率最低者仅有 6%，最高者也不过 34%。

尽管产能过剩，产能利用率很低，但在这场残酷的竞争中，谁的扩产步伐慢了，谁就有可能被彻底淘汰。从 2018 开始，动力电池行业的大规模扩产浪潮如火如荼展开。当时，几乎所有的动力电池企业都正在或者计划扩张产能。孚能科技计划将产能扩充 8 倍，到 2020 年时达到 40GWh。力神和万向都计划到 2020 年时产能翻一番。国轩高科本来产能就已经高达 20GWh，却也计划 2020 年时扩产至 30GWh。相较之下，亿纬锂能和比克较为克制，分别只计划扩产 4GWh 和 3GWh。

两大龙头宁德时代和比亚迪，也宣布扩产。宁德时代计划在 2020 年扩产至 50GWh，将花费其 300 亿元资金。对此，比亚迪不甘示弱，其在 2018 年宣布计划投资 250 亿元，到 2020 年时将动力电池总产能推高到 60GWh。

　　然而，一味扩产并不能解决动力电池行业面临的问题，最终动力电池行业仍要经历洗牌。而对于王传福和比亚迪来说，无论是市场认可度、技术成熟度，还是商业模式，都还需要做出更大的改变。如此，才能在 2020 年之后，参与一场更激烈的动力电池大战。

第三节　"云轨"试验

人们永远不知道王传福的脑海中还有多少未完成的产业梦想。当人们以为比亚迪的业务已经足够多元化时，他又给人们抛出一个惊喜。

2017 年 8 月 31 日，宁夏银川，一条黑白相间的单轨列车从半空中驶过，让银川市民惊喜的是，坐在这个现代感十足的空中列车上，可以尽览银川花博园全园风光。

这个空中列车就是比亚迪制造的"云轨"。或许早在 2010 年，在 IT、汽车等产业成为红海时，王传福就已经开始思考寻找新的"蓝海"——城市轨道交通。当时，比亚迪内部出现了一份轨道标准法规文件，业界传言称比亚迪要造"电动火车"。

2016 年，王传福正式宣布了他的城市轨道交通发展计划。王传福的轨道交通，不是地铁等大运量的轨道交通，而是走差异化路线，研发少有人关注的低运量轨道交通工具，包括中运量的"云轨"和小运量的"云巴"。到 2016 年之后，随着新能源汽车补贴逐年退坡，比亚迪的业绩堪忧，轨道交通由此被王传福寄予厚望，王传福希望轨道交通能成为比亚迪新的业绩增长极，称要"再造一个千亿元市值的比亚迪"。2016 年 3 月，比亚迪轻轨事业部成立。10 月，比亚迪发布了跨座式单轨产品"云轨"，并架设起一条试验性的"云轨"线路，将比亚迪深圳坪山"六角大楼"和员工生活区连在一起，以供客户参观。王传福宣布，云轨既能架设于中、小城市的骨干线，又可以架设于大中城市的加密线、商务区、游览区等。并且，云轨造价只有地铁的 1/5，建设周期只有地铁的 1/3。云轨可以和地铁优势互补，解决人们出行的"最后一公里"难题。这一年年底，全球 C40 市长峰会在墨西哥举办，王传福也前往参加。会议第二天，王传福上台作了《城市交通解决方案：从治污到治堵》的主题演讲，向台下 1000 名来自世界各地的市长推介比亚迪的"云轨"。

2017 年 8 月 31 日，银川的云轨线路正式建成通车，这是比亚迪首个投入商业运营的云轨项目。银川云轨全长 5.67 公里，设置车站 8 座。不过，这条线路并不在市区人流密集区运行，而是作为旅游线在公园内行驶。2017 年 12 月，比亚迪完成了汕头首列云轨列车的总装工作。汕头项目，被王传福看作一个可以大范围推广的典型。汕头云轨的投资规模约 500 亿元，而全国至少有 200 个类似的城市，这意味着云轨的市场空间有 10 万亿元。

云轨诞生之初，业内也有很多人怀疑。有人指出，依靠单轨行驶的云轨，轮胎等配件的磨损肯定很大，虽然初始造价低，但其后期维护成本很可能高于普通轨道车辆。

质疑声并不能阻止云轨的推广，2017 年，比亚迪云轨业务突飞猛进，迅速拿下广西桂林、湖南衡阳、四川广安等地订单。在此过程中，为节省审批时间、加快建设速度，比亚迪总是将云轨线路设定为试验线、旅游线。这一操作灵活避开了很多麻烦，但同时也为此后政策收紧导致业务收缩埋下了伏笔。一年后，比亚迪已有近 20 个云轨签约项目、七八个在建项目。以往由国企垄断的轨道交通领域，比亚迪初步闯出了一条路。此后，王传福并不满足于国内市场，他还带着云轨走向了海外市场，与菲律宾的伊洛伊洛市、巴西的巴伊亚州合作建设云轨。

然而，国内的政策大调整突然降临。2017 年开始，各地城建过程中盲目的"拆建"引起中央政府重视，很多项目被叫停。2018 年 3 月，国家发改委再度发文，进一步要求严格控制本地区城轨车辆新增产能。受一系列政策的影响，云轨的推广戛然而止，很多在建项目被迫暂停。这些云轨项目被叫停，更直接的原因是未按规定程序申报，即前文所述利用"旅游线""示范线"名义避开审批。

在云轨遭遇政策监管风暴后,其在国内的推广受阻。但王传福并没有放弃在轨道交通领域的探索,他又推出了另一款轨道交通产品——云巴。2017年底,比亚迪推出云巴,并将其作为推广重点。不过,可能由于怕人们将云巴与被叫停的云轨相关联,王传福并没有像宣传云轨一样大肆宣扬云巴。

与云轨类似,云巴也是依托架在空中的轨道来行驶。不过,云巴比云轨重量更轻,属于小运力交通运输系统。它并不依靠轨道来供电,而是像电动汽车一样装有比亚迪研发的电池。2019年,中国城市轨道交通协会在《比亚迪城轨交通系统调研考察报告》中表示,"云巴"运量为0.6—1万人次/时,是小运量胶轮有轨电车系统,是现代有轨电车中的一种新系统。[1]

由于有云轨的前车之鉴,云巴的推广速度放缓。到2019年,全国也只有重庆璧山和深圳坪山两地确定建设云巴。

但云巴也遭遇了困境。比亚迪多次强调,云巴的定位是"空中巴士"而非"轨道交通"。围绕云巴是否属于有轨电车,业界争论不已。如果云巴属于有轨电车,则由省级发改部门审批即可。否则,项目可能需要由国家发改委审批,审批难度将变高。

比业迪认为,业内对云巴的质疑,是因其作为"鲶鱼"进入城市轨道交通领域,动摇了原有的利益格局。但另一方认为,比亚迪是在利用政策漏洞打"擦边球",轻视传统轨交行业的规制与公共安全问题。

无论是云轨被叫停,还是云巴遇到审批问题,都不能让王传福停下对轨道交通探索的脚步。2018年,在将云轨业务成立为独立的事业群后,王传福继续提高轨道交通业务的战略地位。他提出,将电动乘

---

[1] 《中国城市轨道交通协会印发<比亚迪城轨交通系统的调研考察报告>》,https://finance.ifeng.com/c/7jaZons8DGH。

用车、电动商用车、电动叉车、轨道交通 4 种车辆相组合，作为比亚迪提供给全世界的 3.0 交通解决方案。

就如他在全球 C40 市长峰会上所讲，他不仅要解决污染问题，还要解决城市交通拥堵问题。随着我国城镇化的快速推进，道路拥堵正成为普遍的"城市病"。如何合理布局道路资源，成为城市治理的关键议题。云轨、云巴等空中轨道交通，为解开城市拥堵难题，提供了一种选项。它们比地铁造价低，最重要的是它们不占用地面道路资源，还可以让乘客在空中观赏风景，增加了对市民的人文关怀。

王传福一直坚持以产业成本优势，推动解决社会问题。云轨和云巴就是他这种思路的具体体现之一。也因此，他从未放弃过云轨和云巴。2020 年后，比亚迪的云轨和云巴仍在各地兴建。王传福自信地认为，就轨道交通而言，比亚迪的成本优势领先全球，云轨和云巴在未来一定会被更多城市所接受。

第四节　品牌高端化受阻

在王朝系列车型推出后，比亚迪"低端""山寨"的名声略有改观。但比亚迪的汽车品牌仍只是称霸于中低端市场，而王传福一直觊觎高端市场。

王传福最初进军高端市场的尝试是创立腾势品牌。2010 年，比亚迪与奔驰母公司戴姆勒达成合作，成立腾势汽车，双方各持有腾势一半的股份。中外合资成立汽车公司，在中国并不是新鲜事。改革开放后很长时间内，中国汽车业都是由中外合资品牌主导。大众、宝马、丰田、本田等跨国车企，通过与一汽、上汽、广汽、华晨等中国国有车企合资，得以进入中国市场。戴姆勒此前也与北京汽车合资成立了北京奔驰，并成为中国豪华车领域的标杆。然而，戴姆勒此次与比亚迪合作却与以往不同。以往都是由外资提供技术，将海外汽车技术直接应用于中国市场，而腾势则是在中国本土全新开发。只不过研发部门由比亚迪和戴姆勒共同组成，双方各派一个研发副总裁，工程师人数也是一对一。一方面，利用比亚迪的供应链优势，电极、电池、电控及部分零部件由比亚迪提供；另一方面，将供应链对外开放，除比亚迪提供的部分外，其余汽车配件全部外购。而戴姆勒主要负责整车设计、品质控制等。

之所以要和戴姆勒合作，在合作中提升自身品牌形象肯定是王传福当时考虑的主要因素之一。据说，腾势的生产线被放在了比亚迪坪山基地，与比亚迪 S6 共用一条生产线，这使得 S6 的品质有了显著变化。

王传福对外表示，合作对于比亚迪是一次难得的机会，可以学习奔驰汽车的品质管控、造车理念等。不过，王传福也表示："戴姆勒造车没有成本概念，这个比亚迪学不了。"

王传福还表示过，"作为戴姆勒和比亚迪的孩子，腾势是站在巨人肩膀上出生的品牌。"[1]腾势初期注册资本 23.6 亿元，王传福出任腾势的董事。腾势的英文名为"DENZA"，为"腾势而启，电动未来"之意，表达出通过双方资源整合，顺应中国及全球新能源汽车产业崛起的大势。

2012 年 4 月的北京车展上，腾势展出了首款概念车。2014 年，腾势推出了首款车型——"腾势至臻"。此后，腾势又相继推出多款车型，包括腾势 400、腾势 500、腾势 X 纯电 SUV、腾势 X 插电式混动 SUV 等。

然而腾势在纯电领域可能太超前，加上当时市场对电车的认可度还没那么高，腾势的销量一直很冷清。2015—2019 年，腾势年销量一直未超过 5000 辆，分别为 2888 辆、2287 辆、4713 辆、1974 辆和 2089 辆。2019 年 7 月起，已更名为梅赛德斯 - 奔驰的戴姆勒直接接手腾势所有运营环节，包括销售、市场、品牌等，比亚迪只负责生产制造环节。此前，腾势的销售由奔驰的经销商庞大集团负责。此后，腾势加大了宣传力度，腾势汽车也被强调为"德系戴姆勒的百年汽车工艺和中国最具领先的电动汽车技术下的合资车品牌"[2]。但是，戴姆勒的接手，并未挽回业绩颓势。2020—2021 年，腾势汽车销量分别为 4175 辆和 4783 辆，仍然未超过 5000 辆。销量低迷下，经营状况更是举步维艰。2016—2021 年，腾势累计亏损超 40 亿元，只能一直靠比亚迪和戴姆勒输血。

腾势是比亚迪电动汽车品牌高端化的一次重要尝试。比亚迪和戴

---

[1]《站在戴姆勒和比亚迪两大巨人肩膀上出生的品牌，腾势会有何作为？》，https://libattery.ofweek.com/2021-12/ART-36008-8500-30543021.html。

[2]《腾势逆袭 600 天》，魏帅，《中国企业家》，2023 年第 8 期。

姆勒虽然经过了十多年的合作，但在电动汽车这个领域，双方一直是摸着石头过河。腾势并未如双方最初规划的那样，为比亚迪在高端市场开疆拓土。但却为比亚迪积累了丰富的经验，为其 2021 之后的品牌高端化铺平了道路。

除了腾势，比亚迪还与丰田于 2019 年 7 月宣布展开技术合作，共同开发轿车和低底盘 SUV 的纯电动车型。比亚迪再次试图通过合资形式，提升其品牌的高端化，然而实践证明品牌力的提升长路漫漫。

双方的合资公司注册资本 3.45 亿元，比亚迪、丰田汽车各占一半股份。双方除了将共同开发轿车和低底盘 SUV 的纯电动车型，还约定开发汽车所需的动力电池。合资车企将使用丰田品牌，计划于 2025 年前将新车投放中国市场。

时任比亚迪高级副总裁的廉玉波表示："我们期待此次合作，实现比亚迪在纯电动车市场的竞争力、研发能力，并且与丰田在品质、安全等方面实现强强联合，根据市场的需要来尽快推出受消费者喜爱的纯电动车。"[1]

丰田是全球范围内较早研发新能源汽车的企业，在混动技术上已有一定的积累，而比亚迪在新能源汽车上也经验丰富。虽然丰田是汽车业的王者，但在新能源汽车领域，双方也算是旗鼓相当。另外，比亚迪的 e 平台是全球首个可开放共享的纯电动汽车平台。到 2019 年，该平台已被应用在比亚迪"秦""唐""宋""元"等多个纯电动车型，并且都已在市场上获得好评，丰田对此颇为感兴趣。另一方面，双方合资的车型使用比亚迪的电动平台技术，这对于比亚迪的技术和供应链来说，也是一种锻炼。

虽然品牌高端化的努力一直未有实质进展，但王传福并不气馁。

---

[1]　《比亚迪与丰田，两大新能源车巨头为何非要"在一起"？》，http://finance.sina.com.cn/stock/relnews/cn/2019-11-08/doc-iicezzrr8120825.shtml。

其实早在 2016 年，王传福就在比亚迪内部设立了品牌处。王传福认为比亚迪的品牌打造方法太不专业，他希望比亚迪能尽快改变在消费者心目中的固有印象。无论是与戴姆勒合作，还是与丰田合作，都只是比亚迪改变自己的开始。

第八章

将"电动化"进行到底

2019年，在参加央视《对话》节目时，王传福表示："传统汽车有压力、有危机，但是新能源汽车会依然保持高速增长。"他认为，新能源汽车是汽车产业的"主心骨"，不管是汽车产业，还是汽车企业，销量增长来源都将是新能源汽车。

第一节 笃力"电动未来"

从 2016 年新能源车补贴政策开始大幅度退坡，到 2019 年比亚迪彻底跌入"至暗时刻"，这段时间对王传福来说倍感煎熬。但以后的他回忆起这段经历，一定会为自己当时在低谷中的坚持而骄傲。梅花香自苦寒来，正是由于这几年的磨砺，让王传福和比亚迪脱胎换骨，能够在 2020 年之后的新能源车浪潮中泰然自若，无惧任何市场风浪。另一方面，也正是由于补贴的退坡，使得中国新能源汽车产业脱离政策驱动，走向市场驱动阶段。而市场化"风雨"的来临，给了王传福展示自己持久实力的好机会。

2016 年，比亚迪成为世界上首家新能源汽车销量过 10 万的企业。这一年，比亚迪新能源汽车营收多于燃油车，达到 400 余亿元。2017 年，新能源汽车营收继续增长，占到了汽车业务的 70%，比亚迪新能源汽车时代全面到来。

2017 年，王传福宣布了"电动·未来"计划，预计 3—5 年内在全国 200 多个城市推广新能源汽车。

同年，比亚迪还发布了升级款的"秦 100"和"唐 100"。比亚迪"秦 100"和"唐 100"无疑是应对激烈的市场竞争的有力武器。升级之后的比亚迪"秦"和"唐"正式更名为"秦 100"和"唐 100"，其最大的特点是纯电续航里程达到 100 公里，这刷新了插电式混合动力汽车的续航纪录，而市面上主流同类车型的纯电续航里程普遍在 60—80 公里。

单凭这一点，比亚迪已经甩了市场上其他品牌的电动汽车几条街。

2018 年，比亚迪随车发布了 DiLink 智慧生态系统。汽车上安装这一系统，就像是把汽车变成了手机。它能够连接全世界的开发者、驾驶者和乘坐者。像手机安装 APP、整合手机生态一样，DiLink 智慧生态系统也可以整合汽车行业上下游生态。

值得一提的是，2018 年 5 月，北京小桔智能汽车科技有限公司成立。这是滴滴旗下子公司。通过这个子公司，滴滴进一步与车和家、北汽新能源、比亚迪三家主机厂达成合作，共同开发网约车市场。网约车市场正在蓬勃发展，其对于新能源车的推广，作用不亚于公交车和出租车。而王传福抓住了这次机遇，在此后的几年，比亚迪凭借成熟的 e5、秦 EV 等车型迅速抢占网约车市场。到 2022 年，网约车市场贡献了比亚迪全年销量的 32%。

2019 年，在新能源车全面进入市场化的前夜，比亚迪全面发力。在当年的上海车展上，比亚迪展出了最新的 23 款车型，包括新能源概念车 E-SEED GT、宋 Pro、e 系列等。这些新研发出的车型搭载比亚迪最前沿的技术，包括 BNA 造车架构、全擎全动力智造平台、DM3 技术、e 平台技术等，充分展现出比亚迪过去多年在新能源汽车领域的深厚技术积累。当时的王传福表示，中国的新能源汽车产业正在加速发展，即将出现更大规模的市场爆发。比亚迪已经做好准备，用深厚的技术实力，迎接全面电动化时代的到来。

2019 年，在参加央视《对话》节目时，王传福表示："传统汽车有压力、有危机，但是新能源汽车会依然保持高速增长。"[1] 他认为，新能源汽车是汽车产业的"主心骨"，不管是汽车产业，还是汽车企业，销量增长来源都将是新能源汽车。

---

[1] 央视《对话》，https://tv.cctv.com/2019/04/21/VIDEfIdOQkbxSgilf2UyGebC190421.shtml，2019 年 4 月 21 日。

中国新能源汽车产业起步于 2005 年,市场占有率达到 1% 用了 10 年,而市场占有率从 1% 到 5%,却只用了 3 年。王传福大胆预测,2019 年,国内新能源汽车销量增速约 40%,其中比亚迪新能源汽车全年销量增速将达到 70%、80%。而到了 2025 年,王传福认为,新能源汽车市场占有率会提高到 30%。他说:"这是一片新蓝海。"

王传福认为,未来,新能源汽车非限购城市需求将越来越高,销量显著增加,新能源车取代燃油车时代将真正到来。例如,比亚迪一款车型,2018 年,在北上广深等政策推动的城市,销量占比为 50%。但是,山东、河南、河北等市场驱动的地区,其销量也达到了 50%。消费者心里都很清楚,他们会选择性价比更高的汽车。而新能源汽车企业有义务教育市场,告诉消费者,燃油车与电动车的对比,不能只从标价来看,更应该关注全生命周期的维护和使用成本。

早在 2018 年,王传福就表示,未来将不再为传统汽车开发新车型。

当然,王传福对新能源汽车充满信心的同时,他也清楚地知道还没有到全面淘汰燃油车的时候。而此时他需要做的是,平衡比亚迪新能源汽车和燃油车业务的发展,让企业在发展新能源汽车的同时,也能保证自己的生存。

值得注意的是,2018 年 7 月,比亚迪的新能源汽车销量首次超越燃油车,首次尝试迈过传统汽车和新能源汽车之间的门槛。最高点的 2018 年 12 月,比亚迪单月销量达到了 4.67 万辆。

在当时,很多人认为,比亚迪已经迎来拐点。2019 年上半年,剧情像预想的一样走着,比亚迪的新能源汽车销量逐月走高,燃油汽车销量往下走。新的反转发生在 7 月,新能源汽车补贴新政正式施行,比亚迪的新能源汽车销量开始下滑,燃油车开始逆势上扬。比亚迪的新能源汽车销量连续 6 个月低于 2 万辆,燃油汽车重新支撑起比亚迪的盘子。

王传福巧妙地掌握着新能源汽车业务与燃油车业务的平衡,直到 2022 年时,他认为可以完全放弃燃油车为止。

在王传福的"平衡术"之下,虽然比亚迪业绩不如人意,但却赢得了资本和消费者的喜爱。2020 年 11 月 5 日，比亚迪在 A 股和 H 股涨幅分别高达 10%和 16%，成为首个 A 股市值超过 5000 亿元的车企。比亚迪距全球车企市值第三的大众汽车只有一步之遥，位居全球第四。

对于股价一路高涨，比亚迪的回应是"得益于比亚迪'汉'和'唐'等为代表的公司车型的大卖，以及集团各项业务的发展前景被资本市场和广大投资者看好"。

资本市场和广大投资者的看好，无疑增加了王传福的信心，令他更有动力将"电动化"进行到底。

第二节 "开"门造车

比亚迪自 2003 年进军汽车领域以来，长期采用"垂直整合"战略，从电池、电机到电控系统均自主研发生产。这一模式在新能源汽车早期发展阶段发挥了重要作用——凭借自研磷酸铁锂电池，比亚迪一度占据全球动力电池市场份额首位，并在 2014 年以 236 亿元的营收成为行业标杆。然而，随着宁德时代等竞争对手崛起，比亚迪的封闭体系逐渐成为发展桎梏。

2017 年，宁德时代凭借三元锂电池技术反超比亚迪，并通过开放合作策略迅速绑定国内外车企。截至这一年的 8 月 27 日，宁德时代市值达到 1531 亿元，比整个比亚迪 A 股市值多 300 亿。

相比之下，比亚迪动力电池业务因过度依赖内部供应，外部客户寥寥无几。数据显示，2015—2017 年间，宁德时代新增客户超 200 家，而比亚迪电池客户仍以自家汽车为主。这种"自供自足"的模式导致比亚迪在技术迭代和市场响应速度上逐渐落后，尤其在三元锂电池主导的中高端市场失去竞争力。

此外，行业对续航里程的盲目追求推动技术路线向三元锂倾斜，比亚迪坚守的磷酸铁锂路线被边缘化。王传福意识到，若不打破内部绑定，比亚迪将错失新能源汽车爆发期的战略机遇。

从 2017 年开始，王传福尝试打破固有的垂直整合模式。他开始在内部推行市场化，打破只在内部采购零部件的惯例，以内部竞争推动变革。同时，各零部件事业部也可以对外出售产品，提升自身业绩和实力。此后，比亚迪零部件团队开始在长城汽车、长安汽车等整车厂举办展示会，并进入整车厂商的供应商名录。

2020 年 3 月 29 日，比亚迪董事长王传福在刀片电池发布会上宣布拆分旗下核心零部件业务，成立弗迪电池、弗迪动力、弗迪视觉、弗迪模具和弗迪科技五家子公司，统称"五弗"体系。这一决策标志着比亚迪从传统垂直整合模式向市场化竞争转型迈出关键一步，其背后既有应对行业格局剧变的考量，也蕴含着重塑动力电池产业话语权的野心。"弗迪"，来源于《诗经》"唯此良人，弗求弗迪"，意为"五弗"公司不投机、诚实可信。也有很多业内人士猜测，"弗迪"是为了强调"不是比亚迪"。拆分后的"五弗"公司以独立实体运营，旨在通过市场化竞争提升效率与开放性。其中，弗迪电池作为核心子公司，承载着比亚迪复兴磷酸铁锂技术的厚望。值得注意的是，与"五弗"公司同时问世的刀片电池，正是磷酸铁锂技术发展的关键转折点。刀片电池通过结构创新将体积利用率提升 50%，能量密度接近三元锂电池水平，同时保持磷酸铁锂的安全性和成本优势。这一技术不仅帮助比亚迪 2020 年股价飙升，更吸引了丰田、奥迪等国际车企的合作意向。

弗迪动力、弗迪视觉等子公司则分别聚焦动力系统、智能驾驶等领域，并逐步向外部客户开放技术。例如，比亚迪与丰田成立合资公司，联合开发纯电动车型；弗迪电池与长安、长城等车企的合作也加速推进。这种开放策略不仅拓展了收入来源，更通过技术外溢强化了比亚迪在行业中的技术标准话语权。

此后数年，比亚迪进一步推进子公司独立化进程，王传福陆续卸任多家子公司董事长职务，为后续可能的 IPO 铺路。

"五弗"体系的成立标志着比亚迪从"车企"向"技术供应商"的角色转型。拆分后，比亚迪零部件业务收入占比逐渐提升，2023 年其电池外供量同比增长超 300%，市场份额重返全球前三。同时，刀片电池技术被纳入特斯拉、大众等车企的供应链选项，磷酸铁锂路线在成本优势下迎来复苏。

然而，挑战依然存在。三元锂电池在高能量密度需求下仍占据高端市场，宁德时代、LG 新能源等对手加速技术迭代；弗迪电池的独立运营也面临与母公司利益协调的问题。更为重要的是，比亚迪的"对外开放"引起业内担忧。有人认为，比亚迪动力电池一直只给本公司供货，失去了与其他造车企业合作的先机。而当比亚迪准备与外界合作时，造车企业对其能否不受比亚迪新能源汽车业务影响表示担忧。并且，汽车行业验证周期较长，更换供应商并不容易。

也有造车企业认为，比亚迪动力电池让他们有了更多选择，使得他们的供应链更加健康，不再只依赖于宁德时代一家公司的产品。

除了分拆"五弗"，比亚迪面对智能网联和共享的趋势，也主动采取开放态度。2018 年 9 月，比亚迪举办了全球开发者大会，这是汽车历史上第一次有此类大会。比亚迪在会上发布了 DiLink 和 Di++ 对外开放，构建 Di 生态，并宣布向全球开发者开放 341 项传感器数据，66 项控制权。在软件层面，通过 API 的方式为车载 APP 开发者提供软件接口与整车对接。此举表明，王传福认定汽车行业需要效仿手机行业，从封闭走向开放。

业内对王传福的行为感到惊讶，认为他又一次特立独行。比亚迪的合作伙伴、360 董事长周鸿祎在听到王传福要开放数据后惊讶不已，他认为汽车软件的开放，将会带来更多隐患。周鸿祎说，"只要是人写的软件，就一定可能会有缺陷，我们叫漏洞，有漏洞在所难免就会被人利用，一旦被人利用，一个很小的漏洞可能就成为一场车祸的灾难。"[1]

无论是成立"五弗"公司，还是开放传感器和执行系统，对王传福来说，既是对过去垂直整合模式的反思，也是对未来技术竞争的布局。王传福通过拆分与技术创新，试图将比亚迪从"造车企业"升级为"新能源技术生态构建者"。随着刀片电池、云辇系统等技术的落地，以及子公司独立化运营的战略推进，比亚迪正以更开放的姿态参与全球产业竞争。这场战略转型将重塑未来新能源汽车行业的市场格局。

---

[1] 《比亚迪开放传感器和控制器 只做硬件供应商》，https://companies.caixin.com/2018-09-06/101323037.html?originReferrer=caixinsearch_pc.

第三节 从"恶魔微笑唇"到"龙颜"

汽车的外观设计，不是评价一辆车好坏的唯一标准，甚至有时都称不上是"重要"的标准。然而，好的车型设计却可以紧紧抓住消费者的心，改变人们心目中对汽车品牌的印象，有重塑品牌的力量。

车型设计向来是中国车企的弱势，早期的比亚迪也是如此。早期，比亚迪汽车外观设计和其他自主品牌一样，或者模仿国际品牌，或者缺乏鲜明的自我特色。消费者曾调侃比亚迪的汽车："除了前脸和后屁股，全长一个样。"

王传福曾尝试走自主设计之路。2013年，比亚迪上市第一款以朝代命名的汽车——搭载第二代DM系统的秦概念版时，比亚迪的设计院曾在设计上作出自认为的"大胆突破"，搞了一套家族式设计语言。然而，当时的人们形容这台车："很科幻，前脸张牙舞爪，尾灯恶魔微笑，大晚上谁在后面见了都得吓一跳。"这套设计语言也因此被戏称为"恶魔微笑唇"。

此后，随着国内汽车市场越来越成熟，人们对汽车的需求更趋多元化，"颜值"越来越受到重视。王传福也意识到在"造车新时代"，需要用国际一流的设计满足消费者的需求。自2016年起，比亚迪发力设计，大手笔投入汽车设计体系建设，誓要改变自身"一塌糊涂"的设计水准。

王传福从三方面着手，建设比亚迪的设计体系。

一是设计人才的引进和培养。比亚迪建设了一个完整的设计师梯队。首先是从海外引进国际知名设计大师,以他们为核心组成设计师的顶层梯队。然后,由在某一细分设计领域有所专研的专家组成设计梯队的中间层。梯队的再下一层,由比亚迪年轻的设计师们组成。除此之外,比亚迪还有设计师储备人才,以培养他们在未来接班。

二是设计流程的完善。比亚迪的设计总监与公司的管理层之间可以直接沟通,没有烦琐的流程。因此,决策效率非常高。

三是设计工具建设。比亚迪汽车设计中心引进了国际一流的设计研发装备。在装备的加持下,设计团队工作起来得心应手,更能创作出国际一流的佳作。

具体到人和事,国际设计大师沃尔夫冈·艾格的加入,是比亚迪重塑设计能力的关键。2016 年,王传福邀请艾格担任比亚迪全球设计总监一职。随后,国际设计大师胡安马·洛佩兹与米开勒·帕加内蒂也陆续来到比亚迪,分别担任全球外饰设计总监、全球内饰设计总监。三位国际一流的设计大师组成了"铁三角",将比亚迪的设计能力提升了数个档位。

到比亚迪之前,艾格已是圈内响当当的人物,他先后当过西雅特、阿尔法·罗密欧、奥迪等知名汽车品牌的设计总监。阿尔法·罗密欧156、166、147 以及 8C Competizione,奥迪的 A1、A3、A6 以及 Q7、R8 等,都是艾格的杰作。据说,当时的艾格与老东家奥迪产生矛盾,不知该何去何从。王传福的邀请恰逢其时,令艾格下定决心离开知名跨国车企,加盟这家中国本土品牌。

艾格的加入,无疑为比亚迪注入了新的设计活力。从"王朝家族"到"海洋网",再到腾势、方程豹以及仰望,每一款车型都深刻烙印着艾格的设计印记。他敏锐地捕捉着时代的脉搏,巧妙地将传统文化与现代审美相融合,为比亚迪打造出既引领国际潮流又蕴含中国韵味的汽车佳作。

在艾格的匠心设计下,比亚迪的车型超越了传统交通工具的范畴,成为艺术的展现。每一处线条、每一个细节都经过精心打磨，仿佛在诉说一个个动人的设计故事。正是这种对设计的极致追求，使得比亚迪在激烈的汽车市场竞争中独树一帜，赢得了无数消费者的喜爱与追捧。

到 2019 年，比亚迪的设计团队人数已超过 100 人，这其中有很多外籍设计师。他们的加入，让比亚迪更具国际视野，也让比亚迪的设计更符合国际潮流。

2018 年，由艾格主导的 Dragon Face 设计语言诞生。艾格从中国传统文化"龙"的形象中汲取灵感，使龙的元素贯穿全身，如龙脸、龙腰、龙爪等。中国文化元素的融入，以及国际成熟的设计理念和设计思路的加持，令比亚迪的设计既有浓浓的中国味，同时又不失国际范儿。凭借端庄、大气、有内涵的设计，比亚迪渐渐有了向国际高端品牌靠拢的基础。

Dragon Face 首搭宋 MAX 车型，想不到刚刚上市一个月，累计订单已经超过 2 万辆。几个月后，销量便超越了比亚迪 F3，成为比亚迪的新爆款车型。这款车型以其独特的设计和出色的性能迅速赢得了市场的认可，连续数年蝉联自主家用 MPV 销量冠军，同时也让"Dragon Face"设计语言迅速在广大用户心中形成烙印。

此后，唐、宋、秦、汉等车型，陆续换上 Dragon Face 龙颜，逐步奠定了家族化的统一形象。而后又经过数次迭代，终于形成了如今比亚迪王朝家族自成一派的设计风格。

2025 年 1 月，Dragon Face 龙颜再度迭代升级。比亚迪在汉 L、唐 L 设计发布会上宣布了"龙颜美学"设计的进化，将英文名从"Dragon Face"更改为"Loong Face"。比亚迪王朝网销售事业部总经理路天表示，这一改变不仅是读音上的调整，更是中国文化自信的体现。沃尔夫冈·艾格进一步解释，比亚迪的"中国化"设计遵循传承、共鸣和平衡三原则，并从中国传统文化如屋脊、竹子、书法、瓷器中汲取灵感，应用于车头、尾灯、外观细节和内饰板等设计元素。

第四节 抗疫之年：洗礼"制造能力"

2020 年初，新冠肺炎疫情全球爆发，中国多地医疗防护物资陷入短缺，口罩供需矛盾尤为突出。春节假期叠加产能停滞，国内口罩日产量不足 2000 万只，而需求却高达数亿。作为中国制造业的领军企业，比亚迪在 1 月底率先响应国家号召，王传福提出，作为中国制造业代表，比亚迪必须站出来，动用一切力量援产口罩。

这一决策背后，既有企业社会责任感的驱动，也有现实经营的考量。疫情导致汽车市场需求骤降，比亚迪一季度汽车销量为 6.1 万辆，同比下滑 47.9%。[1] 另外，比亚迪有 25 万名员工，如果每个员工配 2 片口罩，就需要 50 万片口罩。而当时口罩一片难求，比亚迪的复工复产都受到口罩的限制。而深圳有 2000 多万人、全国有十几亿人，如果每人配 2 片口罩，口罩的需求将不可估量，这是一个巨大的缺口，全国复工复产都需要大量口罩的支持。转产口罩既能缓解社会危机，也可通过盘活闲置产能维持企业运转，为后续复工复产赢得先机。王传福强调，转产并非出于商业利益，而是基于企业的社会责任感。

然而，跨界制造口罩绝非易事。比亚迪至少面临着三大核心挑战，一是设备短缺，当时的口罩机价格暴涨且采购不到。二是原料不足，

---

[1] 《比亚迪第一季度销量为 6.1 万辆，同比下跌 47.9%》，https://www.yoojia.com/article/10156808197018818425.html。

熔喷布等核心材料紧缺。三是生产资质与场地改造问题，生产口罩需要满足医疗器械级标准。

但跨界对于王传福来说已不是第一次了。就像他此前所说，一个行业的技术壁垒多数都是行业"先辈"为后来者制造的假象。王传福早已免疫了"技术恐惧症"，有技术难关，就想办法突破，没有什么难题是解决不了的。并且，一辆汽车有上万个零部件，相比之下，口罩机的零部件少多了，转产口罩其实是"降维打击"。

凭着勇气和实力，比亚迪开始自研口罩设备。王传福为鼓励大家，承诺哪个事业部能做出口罩机生产线，就给哪个事业部颁发总裁奖。结果，依靠模具设计与精密制造优势，比亚迪在 3 天内就完成了 400 多张口罩机图纸设计，7 天就造出首台设备。一台口罩机涉及 1300 多个零件，几乎全部由比亚迪工程师自主解决。原料创新方面，比亚迪通过联合上游供应商生产熔喷布，并利用电池材料技术改进过滤效率。场地改造方面，比亚迪将位于宝龙工业园区的电子事业群第三事业部改造成 100 条口罩生产线，以满足疫情下口罩的紧急需求。

此后，比亚迪的口罩产能开始了指数级跃升。2020 年 2 月 8 日，比亚迪宣布跨界生产口罩；2 月 17 日，比亚迪首批 200 万只口罩下线；2 月底，日产能达 500 万只，比亚迪成为全球最大口罩工厂；4 月，比亚迪口罩日产量突破 2000 万只，每秒生产 231 只；5 月，比亚迪单线产能超行业标准 60%，最高达 8 万只 / 日……至 2020 年底，比亚迪累计生产口罩超 50 亿只，占全球总量的 20%。

2020 年初，疫情最严重之时，比亚迪向湖北等疫区捐赠超 500 万只口罩，并为政府、医院、公交系统等提供定向供应。

比亚迪的口罩引起了股神巴菲特的兴趣，他将一张照片晒在网络上。照片中，巴菲特戴着比亚迪制造的口罩，身上的 T 恤上写着"我想要长命百岁。到目前为止，一切还好"。巴菲特"报平安"的同时，也给比亚迪做了一次广告。

从 2020 年 4 月开始，比亚迪的订单激增。比亚迪从此时开始转向出口，获得了美国加州 10 亿美元订单；并且，与软银合作每月向日本供应 3 亿只口罩。2020 年，比亚迪的口罩销往了全球 80 多个国家或地区，包括向巴西捐赠 300 万只。

期间，曾发生过认证危机。因美国 FDA 紧急授权政策调整，比亚迪口罩部分订单面临退款风险，但比亚迪迅速调整策略，通过获取欧盟 CE 认证等多重渠道成功化解危机。

比亚迪能够成功转产口罩，并在短时间内成为全球最大口罩生产商，其柔性制造能力功不可没。比亚迪的跨界成功，得益于其垂直整合模式与多领域技术储备。从电池、电子到汽车，各事业部协同作战，快速调配资源。

通过这场激烈的口罩"攻坚战"，比亚迪再次向外界证明了自己的制造实力。比亚迪"口罩巨头"的形象强化了其"技术全能"的公众认知，提升了其品牌价值。2020 年 4 月 1 日，美国《财富》杂志发布"全球 25 位最伟大抗疫领袖"榜单。王传福成为唯一上榜的中国车企领导人，与李文亮医生及阿里巴巴联合创始人马云一同成为榜单上为人类抗疫作出贡献的中国面孔。2020 年 4 月 29 日，人民日报头版发表《团结起来！我们万众一心！——中国抗疫人民力量的生动实践》一文，点赞比亚迪称："位于深圳宝龙工业园的比亚迪生产车间有点特别，三个月前这里还是智能手机的制造基地。如今，这里开足马力生产的却是全球'必需品'——口罩。"王传福也通过这次"练兵"，让身处新能源车低谷的比亚迪员工凝聚合力，再次体会创业激情。3 万名工程师与 8 万名员工的昼夜奋战，重塑了比亚迪"敢打敢拼、协同作战"的企业文化。

2020 年下半年，随着疫情缓和，比亚迪逐步缩减口罩产能，回归主业。此次跨界不仅是对比亚迪制造能力的极限考验，更彰显了企业在危机中的担当与创新力。比亚迪用不到一个月的时间改写了口罩行业的历史，也为全球抗疫注入了一剂"强心针"。从转产口罩一事，也能体会到王传福的商业智慧。在突如其来的新冠疫情面前，他能够很好地平衡社会责任与商业利益的关系。比亚迪以成本价供应口罩，短期内虽无直接利润，却同步获得政府支持、公众口碑和供应链稳定性提升。当代企业经营，不再只是埋头于市场竞争中，更应该处理好企业与环境、企业与社会、企业与个人发展之间的关系问题。王传福表示："国家需要什么，我们就造什么。"这种响应速度为其后续新能源汽车业务积淀了政治与社会资本。

第九章

冲上新能源汽车"巅峰"

2020 年之后，中国的新能源汽车产业发展开始全面市场化。
而王传福能够快速响应、明晰趋势、大胆决策，使得比亚迪在行业内
率先适应市场化新局。这也是为什么从 2023 年开始，王传福可以
在新能源汽车市场所向披靡，以市场化竞争手段将比亚迪送上国内新
能源汽车"王者"宝座。

第一节　"刀片电池"

2020 年 3 月 29 日，比亚迪深圳总部的发布会上，王传福手持一片银色"刀片"，宣告了动力电池领域的一次重要的技术革命。这把看似普通的"刀片"，实则承载着比亚迪重夺"电池大王"的野心。此前，比亚迪曾以磷酸铁锂电池称霸动力电池市场，但 2017 年宁德时代以三元锂电池反超，此后双方差距持续拉大。王传福意识到，产品创新不足与垂直整合的短板，已成为比亚迪动力电池业务的桎梏。

刀片电池最重要的创新在于电池结构上。传统的电池制造流程，是先将若干个电芯组装成模组，再将若干个模组组装电池包。经此复杂的组装，电池包的空间利用率只剩 40%。而比亚迪刀片电池则一改传统的组装方式，通过 CTP（Cell to Pack）技术，将电芯直接以阵列方式组装进电池包内，省去了模组环节，使其空间利用率提升至 60%，能量密度达到 180Wh/kg，与三元锂电池持平。

更关键的是，刀片电池将磷酸铁锂材料的安全性优点进一步放大。比亚迪宣称，在磷酸铁锂本身热稳定性好的基础上，刀片电池还采用了叠片结构，和高温"陶瓷电池"技术。一旦电动汽车遇到严重冲撞事故，即使电芯内部发生短路，也基本不会发生剧烈反应。王传福利用"针刺试验"证明了这一点。试验中，经过"针刺"，三元锂电池剧烈燃烧起来，但块状磷酸铁锂电池却只是冒烟而已，并没有燃烧。另外，刀片电池表面温度仅 30-60℃，彻底解决了自燃隐患。"安全"被王传福反复提及，甚至刀片电池发布会的宣传语都是"刀片电池出鞘安天下"。他确实"猜透"了消费者的心理，安全性一直令人们谈电动汽车而色变。相关部门的数据显示，2018年新能源汽车起火事件高达40余起，2019年新能源汽车起火事件也发生了20余起。[1]

这一技术的背后，是比亚迪二十年的技术积累。自2007年推出首款铁电池以来，比亚迪始终未放弃磷酸铁锂路线的优化。刀片电池的设计灵感源于对电池形态的重新思考——将电芯拉长至600mm~2500mm，厚度压缩至13.5mm，形如刀片，既提升了散热效率，又简化了结构。这种"以形补能"的策略，使磷酸铁锂在能量密度上追上三元锂，同时保留了成本低、寿命长的优势。

发布会当天，比亚迪股价应声大涨，市值飙升600亿元。有消息称特斯拉与宁德时代正在商讨"无钴电池"的前景，含钴的三元锂电池恐怕末路不远。2020年，行业又出现磷酸铁锂产能扩张潮。多个因素为刀片电池的崛起提供了天时，也因此，王传福在发布会上豪言道，过去行业对三元锂电池过度依赖，刀片电池的发布要终结这种不正常现象，将技术路线引回"正道"。

刀片电池的发布，仅是比亚迪反击的起点。2021年4月，比亚迪宣布全系纯电车型全面搭载刀片电池，并启用针刺测试作为企业标准。这一决策不仅强化了产品差异化，更通过"技术普惠"重塑市场认知。同期，比亚迪开放电池外供，与一汽红旗、长安、金康等车企合作，并传闻接触特斯拉、戴姆勒等国际巨头。王传福提出："汽车零部件厂商要与国外顶级车企做生意，这才叫本事。"

产能扩张成为比亚迪的另一战略重心。2020年起，比亚迪在国内布局七大电池生产基地，2022年产能突破200GWh，2025年规划达

---

[1] 《比亚迪出"刀"，王传福"纠偏"》，王雷生，《中国企业家》，2020年第5期。

600GWh。海外方面，与丰田成立合资公司，计划2025年前推出联合设计车型；在欧洲市场，刀片电池巴士亮相汉诺威车展，搭载升级版底盘技术平台。2023年东京车展上，比亚迪展示刀片电池与e平台3.0，进一步巩固技术形象。

技术迭代并未停歇。2022年，比亚迪发布"六棱柱"电池专利，通过蜂巢式结构提升空间利用率；2023年发布集成刀片电池的储能系统——"比亚迪魔方"，切入储能赛道。更值得关注的是，有消息称，比亚迪正探索将刀片技术应用于三元电池，试图在高能量密度领域实现反超。

市场表现印证了战略成效。2022年，比亚迪全球动力电池装机量30.3GWh，市占率12.6%，位列第三；2023年7月，其装机量首次超越LG新能源，跃居全球第二。这一逆袭不仅源于自供车型（如汉EV、海豚）的热销，更得益于外供客户的拓展。据不完全统计，比亚迪已与20余家车企建立合作，覆盖乘用车、商用车及储能领域。

然而，挑战依然存在。宁德时代通过CTP3.0麒麟电池、钠离子电池等技术保持领先，LG新能源加速北美布局，海外市场竞争加剧。比亚迪的垂直整合模式虽保障了供应链稳定，但也面临开放程度不足的质疑。王传福坦言，独立分拆是为了更好地市场化，但比亚迪仍需证明自己能与国际巨头同台竞技。

刀片电池的出鞘，标志着比亚迪从"垂直整合"向"技术开放"的转型。它不仅重塑了磷酸铁锂的市场地位，更推动了行业对安全性能的重视。从本土逆袭到全球扩张，比亚迪以技术创新为矛，产能布局为盾，逐步打破宁德时代与LG新能源的垄断。2024年，比亚迪全球锂电池的市场份额17.2%，位列第二。第一名宁德时代市场份额37.9%，动力电池双巨头格局稳固。业内流传一种说法：每10辆电动汽车中，5辆用宁德时代电池，2辆用比亚迪电池，剩下的3辆由其他企业挤破头争抢。

但动力电池行业的竞争远未结束，固态电池、无钴技术等下一代电池的赛跑已悄然开始。比亚迪能否凭借刀片电池的先发优势，在这场马拉松中持续领跑？答案或许就藏在王传福那句"将自燃从新能源字典中抹掉"的豪言里——唯有坚持创新，才能在激烈的市场中杀出重围。

第二节　率先宣布停产燃油车

2022 年，比亚迪正式停产燃油车。比亚迪汽车在官方微博表示："自 2022 年 3 月起停止燃油汽车的整车生产。未来，比亚迪在汽车版块将专注于纯电动和插电式混合动力汽车业务。"[1]这意味着比亚迪成为全球第一家正式停产燃油汽车的车企。

在所有生产燃油车的车企都在对新能源汽车采取偏谨慎的态度，多数以同时发展燃油车和新能源车"两条腿走路"之时，王传福为何采取了更为"激进"的策略？要知道两年前王传福还在想办法维持燃油车业务和新能源车业务之间微妙的平衡。

王传福的底气来自比亚迪两年来在新能源车领域技术和市场的革命性变化。2020 年，"刀片电池"推出后，比亚迪新能源车的技术进步进入了"井喷"时期。2020 年 7 月，比亚迪汉 EV 上市，搭载刀片电池后 NEDC 续航达 605 公里，成为首款突破 600 公里续航的国产纯电轿车，0-100km/h 加速仅 3.9 秒。2021 年年初，比亚迪发布 DM-i 超级混动平台，以"以电为主"的设计理念实现亏电油耗 3.8L/100km，综合续航达 1200 公里。该技术打破日系混动垄断，推动秦 PLUS DM-i、宋 PLUS DM-i 等车型销量激增。2021 年 3 月，比亚迪推出秦 Plus，搭载第四代 DM 技术。同月，又推出宋 Plus。比亚迪的产品以入

[1]　《比亚迪断油》，任娅斐，《中国企业家》，2022 年 4 月 4 日。

门级新能源车型为主，业内普遍认为，众多没有安装充电桩条件的消费者希望购买入门级新能源车型，比亚迪为他们提供了产品选择。同一年，比亚迪还发布了"e平台3.0"，即比亚迪的智能电动车平台。该平台实现了将驱动电机、减速器、驱动电机控制器、高压配电箱、高低压直流转换器、车载充电器、整车控制器、电池管理器"八合一"高度集成化，可节省大量高压线束及部分零部件，整体体积和重量降低10%。e平台3.0已广泛应用于多款畅销车型，包括海豚、元PLUS、宋L、海豹等。

2020年也成为比亚迪新能源车市场的拐点。2020年后，新能源汽车市场告别了补贴时代，进入需求拉动的阶段。王传福之所以敢于将比亚迪打造成为全球首家全面转型新能源的传统车企，也是因为新能源车型销量的快速增长。2021年，比亚迪累计销售74万台汽车，其中燃油车只有13.6万台。2022年，比亚迪销量超186万台，但燃油车销量却只有5000台。到2023年，比亚迪完全停售了燃油车，全年302万台的销量全部由新能源车贡献。从2008年到2021年，比亚迪第一个100万辆新能源汽车下线花了整整13年，而第三个100万辆下线仅耗时六个月。2022年5月，下线第200万辆新能源汽车。同年11月就冲到了第300万辆。

当然，比亚迪新能源车卓越的市场表现，是建立在整个汽车市场结构调整基础上的。根据高工智能汽车研究院的数据，2022年，国内新能源汽车交付均价跌至17.56万元。同期，传统燃油车交付均价17.59万元，两者价格首次出现倒挂。彭博新能源财经发布的数据显示，2024年，我国乘用车电池组价格首次降至100美元／千瓦时以下。行业内曾认为这是电动汽车成本能够与燃油车抗衡的拐点，在此之后电动汽车将大规模替代燃油车。

新能源汽车销量飙升，让比亚迪完全摆脱了2020年之前那种经营困境。2022年，比亚迪实现营收4240.6亿元，同比增长96.2%，归母净利润166.2亿元，同比增长445.86%。一年赚的钱是此前五年之和。这一年，比亚迪超过75%的营收来自汽车及相关业务，这一板块毛利率超过 20%，较上年提升超过 3 个百分点；新能源乘用车销量为 178.2 万辆——2021 年这一项数据是 55.5 万辆，同比增幅超过 200%。也是在 2022 年，比亚迪击败吉利汽车，夺得本土品牌销量冠军。

值得注意的是，走"插混"路线，是比亚迪销量大增的关键因素。2020 年，比亚迪插电混动汽车销量才 4.8 万辆，2021 年就暴增到 27.3 万辆。2022 年，比亚迪插电混动汽车再增至 94.6 万辆，同比增长 246.69%，增速明显高于纯电车型。另一组数据显示，2022 年比亚迪抓住机会拿下 31.7% 的市场份额，远高于生产纯电车型的特斯拉的 7.8%。

新能源汽车业务的快速增长，离不开比亚迪多年锻造的制造能力。比亚迪的新能源汽车产线反应快、弹性大，年产能从 2021 年底的 60 万辆、约 100% 利用率，迅速扩大到 2022 年的 125 万辆、利用率接近 150%。比亚迪此前多年"跑马圈地"布局的各地产业园快速启动，抢占市场缺口并乘胜扩张。据浙商证券研报测算，2022 年比亚迪已有产能和在建产能合计达 305 万辆。

在 2022 年 4 月的疫情冲击中，中国新能源汽车当月销量环比下滑近四成至 28.8 万辆，而比亚迪凭借产业链闭环优势一枝独秀，单月销量达到 10.47 万辆，市占率环比增加 14 个百分点至 37.1%。而特斯拉中国当月仅交付 1512 辆，上一月的销量是 6.57 万辆。

从产品类别来看，比亚迪这一期间主打的"王朝系列"和"海洋系列"车型，受到市场欢迎，为其新能源汽车业务增长立下汗马功劳。

王朝系列主打科技与国潮的结合，旗下拥有汉、唐、宋、秦和元五大家族式产品。海洋系列则走年轻化路线，借鉴海洋美学，进一步满足消费者多元化需求。

2021 年 11 月，比亚迪发布"海洋网"，与之前唐、宋、汉等车型组成的"王朝网"共同构建起两大产品序列。比亚迪当时介绍，"海洋网"产品更加注重年轻运动风格，营销方式也有创新，在传统 4S 店外，新增商场店和城市展厅。"海洋网"产品包含海洋生物系列纯电动车型，和搭载 DM 插电混动技术的军舰系列。此后，上述产品定位划分在具体执行时有所调整。"王朝网"也建设了大量商场店，海洋生物系列车型也没有坚持纯电动路线，从 2023 年开始，和"王朝网"车型一样，每款车型同时推出插电混动和纯电动两个版本。2024 年 5 月 28 日发布的第五代 DM 技术就同时搭载在秦 L 和海豹 06 两款车型上。它们分属于"王朝网"和"海洋网"，售价完全一致。

2020 年之后，中国的新能源汽车产业发展开始全面市场化。而王传福能够快速响应、明晰趋势、大胆决策，使得比亚迪在行业内率先适应市场化新局。这也是为什么从 2023 年开始，王传福可以在新能源汽车市场所向披靡，以市场化竞争手段将比亚迪送上国内新能源汽车"王者"宝座。

第三节 “仰望”：改变电动豪车格局

2020 年之后，比亚迪的品牌矩阵逐渐成形。2022 年 11 月，比亚迪 300 万辆新能源车下线仪式举行，王传福正式向外界介绍了比亚迪的多品牌战略。他表示，比亚迪旗下的品牌包括王朝、海洋、腾势、仰望以及专业个性化全新品牌。

其中，王朝系列和海洋系列是比亚迪品牌主体，但它们针对的是大众化的市场。而王传福一直没有放弃对品牌向上发展的尝试，除了王朝和海洋，其余三个子品牌都是他探索高端市场的结果。比亚迪的品牌高端化战略在探索中逐渐确立，通过独立子品牌腾势、仰望、方程豹构建多层次产品矩阵，覆盖 25 万元至百万元以上价格带，以技术赋能、差异化定位和全球化布局重塑品牌形象。

王传福曾想借助奔驰的力量，推动品牌高端化战略。2010 年，比亚迪与戴姆勒合资的腾势成立。但是，腾势一直未能打开局面，2021 年之前，年销量徘徊在 2000—5000 辆之间。2016—2021 年，腾势累计亏损超 40 亿元。

与奔驰的合作不尽人意，王传福开始寻求对腾势的主导权。2021 年 12 月，比亚迪与戴姆勒一同宣布，向腾势分别增资 10 亿元。然后，双方对腾势的股权结构进行了调整。调整后，比亚迪持股增加到 90%，戴姆勒持股骤降至仅 10%。这一系列调整最终在 2022 年上半年完成。两年后，股权调整更进一步。2024 年 9 月，梅赛德斯－奔驰将所持有的 10% 股权转让给比亚迪，彻底退出了腾势股东行列。腾势由合资变为自主品牌，成为比亚迪的全资子公司。

掌控腾势后，王传福加快了腾势向高端市场发起冲击的进程。2022年 5 月，腾势召开了焕新后的首场发布会，王传福宣布，腾势将承载王朝系列、海洋系列向上的高端市场。当年 9 月，腾势 D9 上市，售价32.98 万—45.98 万元。

甫一上市，腾势 D9 便迅速抢占国内 MPV 市场份额，直到 2023 年全年，D9 年销量达到 11.9 万辆，成功登顶国内 MPV 市场冠军，平均月销 1 万辆的成绩让此前在这个位置上"高枕无忧"的 GL8 彻底掉队。

此后，腾势又推出了 N7、N8、Z9GT 等车型，产品涵盖轿车、SUV、MPV。

腾势在技术方面最值得称道的，是"易三方"技术。易三方技术由动力架构、控制架构和整车智能架构三大架构组成。动力架构的亮点在于其兼容性，不仅支持插电式混合动力平台，也适用于纯电动平台。控制架构通过三电机分布式独立驱动，为整车提供了更多的控制自由度，增强了动力分配的灵活性，同时显著提升了整车的安全性和稳定性。

腾势之后，王传福剑指百万元级豪车领域。燃油车时代，这一领域被奔驰、宝马等德系汽车巨头垄断。但在中国车企主导的这场新能源汽车浪潮中，王传福对实现超豪华市场的突破充满信心。

2023 年初，比亚迪的超豪华汽车品牌"仰望"诞生。至 2025 年初，仰望已推出三款车型：U7 五座和四座版本售价分别为 62.8 万元和 70.8万元；另外两款车型 U8 和 U9 售价均超过百万元。仰望汽车销售事业部总经理胡晓庆称："仰望首款车型上市不到两年时间，已交付近 1 万辆。"[1] 根据易车发布的 2024 年起售价百万级 SUV 销量前十排行榜，

---

[1] 《"三剑客"阵容 仰望重构豪华车市场格局》，https://finance.sina.cn/2025-03-31/detail-inerpywq1073169.d.html。

仰望 U8 在首个完整交付年以 7254 辆的销量跻身全球百万级 SUV 销量 TOP4。

仰望最让人津津乐道的，是它搭载的技术。云辇－Z、易四方、天神之眼 A 平台……比亚迪引以为豪的前沿技术，很多都被应用在仰望上。也因此，业内有一种说法：仰望实际贡献的销量、利润多少并不重要，王传福更看重其象征意义。仰望是比亚迪技术实力的象征，也是比亚迪向外界秀技术"肌肉"的舞台。

其中，云辇－Z 是全球首款智能悬浮车身控制系统。该系统创新性地采用悬浮电机直驱技术，摆脱了传统油液介质的限制，实现了车身垂向控制的智电直驱，从而大幅提升响应速度和控制精度。

"易四方"是四轮独立扭矩矢量控制系统，可实现毫秒级独立控制，使车辆具备原地掉头、定轮旋转和平行横移等灵活机动能力。在 2023 年，仰望初与世人见面之时，王传福就依靠"易四方"技术，在发布会现场大"秀"车技。他当时驾驶着仰望 U8，像螃蟹一样横滑入场，并完成了原地掉头，赚足了人们的眼球。

在腾势、仰望上市的同时，王传福又在尝试更具个性化的高端品牌——方程豹。

2022 年，王传福向外界介绍五大品牌时，方程豹尚未确定名称，只是以"专业个性化全新品牌"称之。直到 2023 年 6 月，比亚迪才官宣成立"方程豹"品牌。2023 年 11 月，方程豹旗下首款车型豹 5 上市，定价 28.98 万—35.28 万元。此后，方程豹又推出了旗舰豹 8、豹 3 概念车 SUPER 3 和概念跑车 SUPER 9。方程豹与比亚迪其他品牌最大的不同是，它走差异化路线，主打越野车、跑车，满足小众、个性化的用车群体需求。目前，其涵盖品牌价值型的电驱越野类产品、都市生活型的个性硬派类产品，以及基于跑车扩充的轿车类产品三条产品线。

2025 年 3 月 31 日，方程豹又推出了一款预售价 13.98 万元起的钛 3 车型，宣布进入紧凑型 SUV 市场。方程豹官方表示，钛 3 是一款科技"潮品"。"潮改拓展"能力是这款车突出的特点，方程豹联合多家潮改厂牌，延展多种潮改风格供用户选择，形成"千人千面"的个性化。

　　据悉，目前的紧凑型 SUV 市场热销的产品基本还是燃油车。王传福想要做的是，以电动"潮品"概念在紧凑型 SUV 市场杀出一条路，让比亚迪的品牌矩阵更趋多样化，以推动新能源汽车全面取代燃油车。

第四节　价格大战

　　"比亚迪今年目标是成为中国第一大汽车制造商，销量目标300万辆起步，争取翻倍到360万辆。"[1]2023年初，王传福放出豪言。而要实现这一目标，王传福需要组织几场"促销战"。而这种"促销战"能够推进，更多缘于车企之间愈演愈烈的"价格战"。在市场机制下，适当的"价格战"是市场竞争的必要手段，也是产品质量提升、车企优胜劣汰、整个行业走向成熟的必由之路。

　　王传福说："当下是'快鱼吃慢鱼'的时代，不是'大鱼吃小鱼'的时代，车企在未来3—5年如果没冲上去，就没机会了。对于企业而言，核心技术、好的战略方向、快速决策机制是制胜关键。"

　　2023年初，在"外来的鲶鱼"特斯拉打响降价第一枪后，比亚迪也推出全系"冠军版"车型，掀起"油电同价"价格战。这场由特斯拉率先发起的价格战，最终演变为比亚迪主导的市场博弈，深刻改变了中国新能源汽车产业格局。

　　1月6日，特斯拉国产Model 3标准续航版突然降价8.4万元，以24.99万元的价格突破25万元心理关口。这一举措如同引爆市场的导火索，比亚迪迅速做出反应，在随后三个月内密集调整旗下秦、汉、宋、

---

［1］　《王传福：年销保300万争360万台》，https://hao.yiche.com/wenzhang/83689495/。

唐等主力车型价格，降幅从 3000 元至 2 万元不等。2 月 10 日，比亚迪推出首款冠军版车型秦 PLUS DM-i 2023 冠军版，定价 9.98 万—14.58 万元，相较原价 11.38 万—16.58 万元，各配置下探 1.4 万—2 万元不等。同时提出"油电同价"销售策略，加速车型供给。随后，冠军版车型的上市节奏贯穿全年：3 月推出汉 EV、唐 DM-i，4 月推出秦 PLUS EV、驱逐舰 05，5 月推出海豹 EV、汉 DM-i、宋 Pro DM-i，6 月推出宋 PLUS DM-i、宋 PLUS EV，8 月推出唐 DM-p、唐 EV，9 月推出元 PLUS 及宋 Pro DM-i 的更新版，价格进一步下探。

这场持续 12 个月的价格战，最终以比亚迪年销 302.4 万辆，同比增长 62% 为结果结束。比亚迪这一年实现营业收入 6023.2 亿元，同比增长 42%。归母净利润为 300.4 亿元，同比增长 80.7%。根据全年净利润测算，比亚迪 2023 年日均赚超 8200 万元。

2024 年 2 月，王传福又宣称"电比油低"，将价格战这套简单直接的拳法以"荣耀版"名义又打了一遍。

这一次，也是特斯拉挑起战端。2024 年 1 月，特斯拉中国官宣 Model 3 焕新版、Model Y 降价，打响车市价格战"第一枪"。随后，比亚迪下场参战。宣布秦 PLUS 荣耀版 DM-i 车型起售价降至 7.98 万元，EV 车型进入 10 万元区间。这一年春节假期结束后，比亚迪在 30 天内连推 15 款"荣耀版"车型。在不改变原车型电池、底盘等大件的情况下，"荣耀版"车型增加了无线充电、座椅按摩、隐私玻璃等消费者上车即可感知的舒适性配置，同时将价格再降低 2 万—3 万元。

面对比亚迪的猛烈攻势，各竞争对手不再观望，五菱、长安、哪吒等众多车企相继应战。造车新势力拿出 0 首付、0 利息筹码，合资品牌则直接开出"一口价"，让车市价格战卷出新高度。

此时的王传福，让同行们又爱又恨。

一方面，王传福俨然成了各家车企"仰望"的行业标杆。

2023 年，比亚迪第 500 万辆新能源汽车下线时，理想汽车创始人李想说"为这位中国新能源汽车的开创者鼓掌"，小鹏汽车创始人何小鹏称比亚迪"有带头大哥的风范",蔚来创始人李斌称赞"比亚迪的厚积薄发,是长期主义的胜利"。奇瑞汽车董事长尹同跃在谈到奇瑞发展规划时,称奇瑞2025年要进入全球销量前十,随后他说奇瑞想去"陪陪比亚迪"。

比亚迪的新能源品牌和车型,也成为各家车企暗暗较劲的对象。2024年,奇瑞汽车插电式混动SUV车型风云T9低价上市,其主要竞争对手之一便是比亚迪畅销车型"宋"。同一时段,东风集团插电混动车型风神L7上市,这同样是一款SUV车型,瞄准比亚迪"宋"而来。其他的车企也都推出各自的新能源汽车品牌,如吉利的银河品牌、上汽的荣威品牌、长安的深蓝品牌等,意欲在插电式、增程式混动汽车领域与比亚迪一较高下。

另一方面,王传福站在金字塔最顶端,其一举一动都会引发各种争议,遭遇"围攻"。

2023年5月,长城汽车公开举报称,比亚迪秦Plus和宋Plus的插电混动版本使用常压油箱,涉嫌整车蒸发排放物不达标。为避免油气污染物溢出,插电式混动车型一般使用高压油箱,成本比常压油箱高。比亚迪很快公开反驳,并称长城汽车不正当竞争。

2024年5月,在第五代DM技术发布会上,比亚迪称其发动机热效率全球最高,达到46.01%。热效率是发动机核心技术指标,热效率越高,油耗越低。第二天,吉利汽车便发布一张机构认证证书,显示其一款发动机的热效率达46.1%,高于比亚迪。比亚迪随后回应,吉利汽车这款发动机还没有量产上车,比亚迪更高热效率的发动机"有大把"。紧接着,比亚迪晒出一张发动机热效率为46.5%的认证证书。

由于降价促销,王传福被一些人称为"卷王"。吉利控股集团董事长李书福称,中国汽车工业"内卷"程度全球第一,价格战一浪高过一浪,这种现象既是好事也是坏事。如果市场化程度高,法律健全、执法严格,透明公平的竞争就是好事;反之就是坏事。他还称,无穷无尽的"内卷"和简单粗暴的价格战,结果就是偷工减料、造假售假、不合规的无序竞争。

但王传福对"卷"并不悲观。王传福在 2024 年 6 月的一场论坛上称，"'卷'是竞争，是市场经济的本质。"他还说："所有企业家都要拥抱参与竞争，从中脱颖而出。"

比亚迪确实是在"卷"中脱颖而出。经历了两年的价格战后，比亚迪在 2024 年以 427.2 万辆的成绩夺得国内车企第一。但无论是他，还是已经全面市场化的中国车市，都没有要停下价格竞争的意思。在 2025 年，王传福再度掀起了一场价格战，以此推动车市"大决战"的来临。

第五节　超越特斯拉

2023 年 8 月，比亚迪第 500 万辆新能源汽车下线仪式举行。这场仪式颇为特殊，因为在比亚迪的会场外，却摆放着 12 款非比亚迪的新能源汽车。这 12 款车来自蔚来、小鹏、理想、吉利极氪、长城哈弗枭龙等中国品牌。在所有的车的背后，挂着一则标语："在一起，才是中国汽车。"与此同时，在会场内，王传福正激动地说着："14 亿中国人在情感上需要自己的世界级汽车品牌。"[1]

王传福已完全以一种"带头大哥"的身份傲立于中国新能源车市。他希望人们将自己视为民族品牌的代表，以自己为中国车企的"领头羊"，改造汽车这个拥有百年历史的行业。

然而，要实现这个宏愿，王传福除了要得到其他本土品牌的认可，更要击败一众跨国车企。

王传福首先要面对的便是埃隆·马斯克。王传福和马斯克、比亚迪和特斯拉，自 2020 年后常被汽车行业拿来作对比。他们同为全球新能源汽车的代表，都较早洞察到新能源汽车的发展趋势；一个来自美国，一个来自中国；一个生产纯电动汽车，一个更看好混动汽车；2023 年开始，他们又都成为汽车降价的最有力推动者。

---

[1]《裹挟与较量：王传福哽咽高呼"在一起"背后》，左茂轩，何芳，《21 世纪经济报道》，2023 年 8 月 14 日。

2014 年，特斯拉有了首批中国车主。2018 年，特斯拉落户上海临港，成为中国首家外商独资整车制造企业。2020 年初，特斯拉上海工厂开始对外交付。2024 年 5 月，特斯拉上海储能超级工厂开工。2025 年 2 月，储能超级工厂举行投产仪式。

特斯拉在中国新能源汽车市场一直被视为具有"鲶鱼效应"的企业。2023 年开始的数次价格战几乎都是由特斯拉率先发难，比亚迪紧随其后。不过，特斯拉却没有像比亚迪一样，成为价格战的明显受益者。

官方数据显示，2024 全年，特斯拉全球汽车交付量约为 179 万辆，相比上一年微降 1%，也是特斯拉自 2015 年以来首次出现交付量同比下滑。同期，其上海超级工厂电动车交付量同比下降 3%，降至 91.67 万辆，也是该工厂投产以来首次交付量下滑。

在中国新能源汽车市场，特斯拉原计划通过降价实现销量增长。2024 年，特斯拉在中国市场的销量达到 65.7 万辆，同比增长 8.8%。但特斯拉的销量增长却明显落后于中国同行。根据中国汽车工业协会发布的数据，2024 年，中国新能源汽车销量为 1286.6 万辆，同比增长 35.5%。其中，纯电车销量同比增长了 22.6%，特斯拉的 8.8% 实在是相形见绌。

特斯拉在中国乘用车市场的份额也在进一步被稀释。2024 年，特斯拉的市场份额从 2023 年的 8.3% 下降至 2024 年的 6.1%，同期比亚迪的市场份额则从 11.5% 提升至 15.4%。

2024 年，比亚迪实现营收 7771.02 亿元，同比增长 29.02%。其中，汽车及相关业务营收为 6173.82 亿元，同比增加 27.7%。对于王传福来说，这一数据是具有里程碑意义的，因为其营收首次超过了特斯拉。2024 年，特斯拉的营收为 976.9 亿美元（约合 7110 亿元人民币），同比仅增长 1%。

比亚迪超越特斯拉，也体现出纯电动汽车与插混汽车市场的变化。据乘用车市场信息联席会统计，在中国乘用车市场，插混（含增程）汽车在 2024 年的零售销量同比增长 76.9%，份额由 2023 年的 11.9% 增至 20%。同期，纯电动汽车的份额由 2023 年的 23.7% 升至 27.6%，零售销量同比增长约 22.6%，势头不及插混汽车。比亚迪也是如此。2024 年，比亚迪纯电动汽车的销量同比增长 12.08%。同期，比亚迪插混汽车的销量同比增加 72.83%，在公司新能源乘用车总销量中的比重由 2023 年的 47.73% 上升至 58.47%，成为销售主力。应该说，比亚迪营收超越特斯拉，王传福的插混汽车战略起到了重要作用。

在中国乘用车市场，比亚迪的崛起，使得除了特斯拉，其他的外资车企承受的压力也与日俱增。

过去，外资车企与上汽、一汽、东风等国有汽车集团合作，形成的合资汽车品牌一直把持着中国乘用车行业的话语权。奔驰、宝马、大众、别克、丰田、本田等占据着中国乘用车市场的大部分份额，而以比亚迪为首的自主品牌长期被压制。

但 2020 年以来，中国本土车企抓住新能源汽车的发展机遇，迅速转型，市场占比逐年攀升。而合资车企却转型缓慢，在这场新能源汽车浪潮中被本土品牌甩在了后面。

2023 年，一向被中国主流市场青睐的大众汽车，输给了比亚迪。这一年，大众汽车也承受了价格战的压力，展开了激进降价，以降价换取其电动汽车产品销量的增长。2023 年，大众汽车在中国共销售出电动汽车 19.2 万辆，同比增长 23.2%。但最终，大众及捷达子品牌在华的全部汽车销售 239.9 万辆，同比增长 0.1%，被比亚迪的 302.4 万辆超越。比亚迪成为中国市场单一品牌销量冠军。

2024 年，比亚迪继续冲刺，汽车销量达到了 427.2 万辆，销量超越上汽集团，成为国内车企销量冠军。过去 18 年，上汽集团一直蝉联国内车企销冠，其旗下拥有上汽大众和上汽通用两家合资品牌。但 2024 年，受价格战和燃油车市场下滑影响，上汽集团的整车批发销量同比减少 20.07%，降至 401.3 万辆。

在以比亚迪为首的自主品牌强大攻势下，业绩依赖燃油车的合资品牌也试图反击。如 2024 年 6 月，广汽集团董事长曾庆洪率先喊出"油电同权"，呼吁油车和电车在补贴、税费、限购、限行和政府采购等方方面面享有同等权利，进行公平竞争，引发了业界的极大关注，"油电同权"的呼声四起。然而，在新能源汽车蓬勃发展大势下，燃油车再难有所作为。2025年初，两家整车央企东风汽车集团和长安汽车集团宣布合并重组。两家央企旗下有东风本田、东风日产、长安福特、长安马自达等多个合资品牌，而这些合资品牌已成为东风和长安业绩的"拖油瓶"。长期作为东风利润支柱的合资品牌2024年销量仅为110.5万辆，同比下滑9.2%，比去年少了29.2万辆。长安马自达2024年也只卖出了75637辆，同比下滑14.69%。推动整车央国企的重组，意图即为推动这些车企尽快转型，跟上新能源汽车发展趋势，防止在激烈的市场竞争中被比亚迪等车企淘汰出局。

2024年，凭借427.2万辆的销量，比亚迪位列全球车企销量第五名。前四名为丰田、大众、现代起亚、Stellantis。比亚迪无疑是这个榜单中的亮点。它的排名增长速度极快，2023年比亚迪首次进入十强，排名第九，2024年就强势进入前五。

王传福已经阶段性地完成了他的目标：代表中国企业立足于全球汽车产业的前列。然而，汽车行业竞赛才刚刚进入下半场，一场更激烈的大决战等待着他和所有中国车企。

第六节 "大决战"来临

经历了 2023—2024 年残酷的价格战后，2024 年中国乘用车市场的新能源汽车渗透率达到 47.6%，而 2020 年还只有 6%。比亚迪也在价格战中脱颖而出。截至 2024 年底，比亚迪在国内乘用车市场的份额已达 16.2%，在新能源乘用车市场的份额更是高达 34.1%。王传福已成为中国新能源汽车领域的"王者"。

但王传福并未满足于此。2024 年，在公司财报业绩会上，王传福判断，汽车行业将在最近三年展开"大决战"，不少企业会被淘汰。

为了占得先机，2025 年初，王传福主动出击，再度掀起新能源车降价促销潮。

2 月 10 日，比亚迪举行了发布会，王传福喊出"全民智驾"的口号，发布了 21 款智能驾驶版车型。这次，王传福不直接给新能源车降价，而是"加配不加价"。这些车售价在 10 万—20 万元，全部配备了比亚迪"天神之眼"智驾系统。

王传福的"全民智驾"口号一喊出来，就令外界惊讶不已。因为，在此之前，人们都认为比亚迪的短板就是智能驾驶，而王传福给人的印象也是不看好智能驾驶。

实际上，此前王传福已经显露出对智驾的重视。2024 年 1 月，比亚迪举行的"梦想日"活动上，王传福就提出目标：未来比亚迪 20 万元以上车型都能选装高阶智驾，30 万元以上车型将实现全面标配。6 月，王传福又在比亚迪股东大会上表示，人工智能技术和汽车智能化在未来非常重要。并表示，在智能驾驶上，比亚迪将重金投入。此后，比亚迪的新款海豹、汉 ev 等车型，都罕见搭载了激光雷达。11 月，王传福再度表示，人工智能和汽车的结合是比亚迪接下来重点发展的方向，比亚迪将投入 1000 亿元用于发展智能化技术。

"大家以前可能有误解，说比亚迪不重视智能化。"王传福在发布会上说，比亚迪一直少说多做，技术不够成熟就不会对外发布，而一旦推出就会超越外界预期。

"天神之眼"是由比亚迪自研的高阶智能驾驶系统，第一次与公众见面是在 2023 年 7 月，当时发布的腾势 N7 智能猎跑 SUV 车型配备了"天神之眼"。而一年半后，王传福将"天神之眼"全面升级，将其分为 A、B、C 三套技术方案。A 方案属于高阶驾驶辅助，专为豪华子品牌仰望打造。天神之眼 A 可以达成无图城市领航辅助驾驶，支持全国范围内复杂城市场景（如无信号灯路口、人车混行）的自动驾驶，当然高速路和快速路领航辅助驾驶也不在话下。天神之眼 B，主要用于腾势，以及高配版汉、唐等中高端车型。天神之眼 B 也可以达成城区 + 高速 NOA 领航辅助驾驶，覆盖城市道路和高速公路的主流场景，但受限于单颗激光雷达，复杂环境下的性能略低于 A 版，因为一颗雷达探测的角度和范围有限。天神之眼 C 是入门款的智驾，覆盖了比亚迪大部分经济型车型。天神之眼 C 只有高速 NOA 领航辅助驾驶，支持 1000 公里无接管的高速领航，100km/h 的 AEB 刹停，但没有城市自动驾驶功能，同时视觉方案遇上极端天气识别能力会下降。

值得注意的是，虽然天神之眼 C 配置最低，但却是王传福此次价格攻势的"杀器"。低成本的 C 方案，可以配备在比亚迪的大部分车型中，不用单独付费，又不提高新能源车的售价，实现"加配不加价"。与之形成鲜明对比的是，特斯拉的高阶智驾需要单独付费，一次性购买价格为 6.4 万元。因此，天神之眼 C 使得大规模的智驾普及成为了可能，王传福这才敢宣称"2025 年是全民智驾元年"。

不过，仍有不少人对王传福的"全民智驾"嗤之以鼻。天神之眼C如此低的配置，能否称之为"高阶智驾"？又该如何定义"高阶智驾"？低配置的天神之眼C，是会推进智驾的普及，还是会拉低智驾的质量标准，影响智驾的"口碑"？

一切质疑，都需要王传福在2025年用实际成果来回应。行业普遍认为，新能源汽车发展的上半场是电动化，下半场是智能化。2025年，新能源汽车的竞赛已经走进下半场，王传福恐怕需要在智能化领域走得更快，才能赢得下半场。

除了智能化方面，2025年，王传福还从多种技术上向对手发起攻势。

3月17日，比亚迪在超级e平台技术发布会上正式推出"兆瓦闪充"技术，以全球首个量产乘用车1000V高压架构和10C高倍率电池为核心，实现了充电功率1MW（1000kW）的突破。当同行们还在关注800V高压架构时，比亚迪已经做到1000V高压架构，直接让充电技术跃升了一个台阶。"兆瓦闪充"技术基于全域千伏高压架构（1000V），配合10C高倍率电池，将峰值充电功率提升至1MW。相较此前行业主流的800V高压平台，1000V架构可支持更大电流（1000A）和更高充电倍率（10C），从而显著缩短充电时间。这一技术让电动车充电5分钟即可补充400公里续航，平均每秒充电2公里，彻底颠覆了传统补能体验，成为纯电时代技术新标杆。

并且，此次发布会上，王传福还宣布计划2025年前建成4000座"兆瓦闪充站"，并向社会资本开放技术合作。这一布局将加速高压快充网络的普及，推动电动车补能体验从"等待焦虑"转向"即充即走"。

王传福已经开始着手准备"大决战"。不过，有人指出，过去数年，比亚迪处于产能急速扩张期，公司资产负债率亦随之提升。截至2024年末，比亚迪资产负债率为74.64%，同比下降约3.2个百分点，在整车制造行业中依然处于较高水平。

王传福和比亚迪，仍需要一步一个脚印，才能沿着汽车产业的阶梯，攀登到最高峰。

第十章

绿色梦想全面开花

从 2021 年开始，光伏产业突飞猛进，进入新的一轮上升周期。比亚迪太阳能似乎也想趁此机会大干一场，扶持起比亚迪除汽车外的新增长极。然而，一切未能如愿。比亚迪太阳能还未来得及有所作为，光伏产业就已变为"红海"。

第一节 "让阳光普照沙漠"

从 2003 年进入汽车行业，到 2020 年新能源汽车补贴时代结束、全面进入市场化，王传福足足等了 17 年。若以 2023 年比亚迪成为中国市场单一品牌销量冠军为时间节点，王传福收获新能源汽车的果实足足用了 20 年。其对新能源汽车 20 年的坚持，令外界折服。但鲜为人知的是，王传福坚持 10 年、20 年的产业梦想，可不止新能源汽车一个。早在 2010 年，王传福就曾表达了这样的愿景：终有一日，人们不仅驾驶的是比亚迪汽车，居住的也是由比亚迪建造的，配有光伏、储能系统的新能源住宅。此后，王传福又在"治污"之外，开始探索以轨道交通实现城市"治堵"。并且，以新能源汽车产业为基础，王传福深挖半导体、汽车金融、智能制造等领域，不断拓展自己的"绿色梦想版图"。截至 2025 年初，除了新能源汽车，王传福绿色梦想中的大部分仍在"孵化"中，尚未有提升比亚迪业绩的能力。但是，就像坚持新能源汽车梦想一样，王传福仍然坚定地认为，人类的未来需要这些绿色梦想。

光伏是王传福很早就开始的梦想。这个产业也确实对车企来说有很大的吸引力。如果一家车企既能做光伏，又能做储能，还能玩转新能源汽车，相当于打通了从绿色电力的生产、储存到使用的全链条。其获得的市场空间将是难以想象的。

并且，中国的光伏行业一直都是一个善于"造富"的行业。无锡尚德的施正荣、英利集团的苗连生、汉能集团的李河君等，都曾因在光伏行业的一番作为而煊赫一时。施正荣、李河君都曾成为中国首富，英利集团曾是第一家赞助世界杯的中国企业。

因此，很多企业对光伏趋之若鹜。很多车企或早或晚地都加入了光伏赛道。在美国，特斯拉用 26 亿美元收购了光伏企业 SolarCity。此后，特斯拉不断扩大光伏版图。在中国，包括吉利、广汽、理想、奇瑞等资金雄厚、制造经验丰富的车企，也纷纷进军光伏产业。

比亚迪早在 2008 年就开始进军光伏领域，却一直难有起色，此后数年处于亏损状态。然而，无论比亚迪集团多么困难，王传福都没有放弃光伏产业。他不止一次公开自己的畅想，即要在沙漠中装满光伏。"如果中国 1% 的沙漠地区覆盖了太阳能光伏板，就可以解决全国的用电需求。到时候把火电全关掉都可以。"[1]

2020 年，中国明确提出 2030 年"碳达峰"与 2060 年"碳中和"目标。"双碳"战略引导下，中国产业结构和能源结构的调整步入快车道，光伏产业也从此时开始进入黄金发展阶段。截至 2024 年底，全球光伏装机容量突破 1.4TW，中国以 520GW 累计装机量连续 10 年领跑全球。在庞大的装机需求刺激下，光伏制造业产能飙升。根据国际能源署的数据，全球光伏组件制造产能 2021 年时还只有 450GW，到 2023 年时已飙升至 1.2TW。

全球光伏产业蓬勃发展，比亚迪也积极布局。从 2019 年开始，比亚迪在财报中关于光伏业务的部分就持续强调高质量产品的战略定位。此后，又提出要积极发展新技术，推动技术研发。

从 2020 年开始，比亚迪先后入股阿特斯和金石能源。阿特斯是一家老牌组件制造企业，在 2024 年全球出货排名中位列第 7。此外，阿特斯的储能业务也在快速增长，2024 年全年的储能系统出货量达

---

[1] 《王传福：沙漠堪比油田，中国 1% 沙漠可供全国用电》 https://www.thepaper.cn/newsDetail_forward_28481470。

6.6GWh，同比暴增超 500%。而金石能源是为光伏电池制造商提供生产装备的企业，该企业提供的生产装备为异质结太阳能电池装备。异质结太阳能电池被认为有可能成为光伏行业下一代的主流技术路线。

产能和市场方面，比亚迪光伏在巴西布局较为亮眼。在巴西的坎皮纳斯，比亚迪投资了约 4800 万美元用于光伏组件的生产，并在坎皮纳斯大学设立光伏研发中心。比亚迪在巴西的综合产能已达到 2GW。比亚迪在 2020 年累计出货超 10GW，超越了隆基绿能和晶澳科技，跻身巴西光伏组件市场前五。

在技术方面，比亚迪一直紧跟光伏行业前沿趋势。2021 年，宣布了其在研的大尺寸半片光伏组件技术。该技术采用 210mm 大尺寸硅片与半片工艺具有转换效率高、组件功率大、温度系数优等特点，该技术使得 BOS 成本和 LCOE 优势显著。[1]

光伏产品的尺寸问题一直是各家企业技术竞争的焦点之一。近几年，210mm 渐成气候，有成为市场主流的趋势。据悉，比亚迪的210mm 大尺寸半片组件已与多个国家签署订单。

除了尺寸之争，技术路线也是技术竞争的核心。在上一代 PERC技术路线因光电转换效率过低而被逐渐淘汰后，TOPCon 技术成为行业主流。比亚迪也紧跟市场需求，推出了 TOPCon 技术的光伏组件。但同时，比亚迪也不放弃对下一代技术路线的研发储备。2024 年，比亚迪推出了采用异质结电池的 HALO 系列组件，并积极参与更高效率的钙钛矿光伏技术的研发。此外，2024 年，比亚迪还推出了全球首款太阳能充电车顶，将其首次搭载在宋 PLUS 车型上。比亚迪的太阳能车顶采用高效单晶硅太阳能电池板，结合比亚迪的"刀片电池"技术，在车顶有限的面积上实现了最大化的光电转化效率。根据官方测试，

---

[1]　《万般皆好，为啥光伏成为比亚迪"难啃的骨头"？》，https://www.jiemian.com/article/7278062.html

这套系统每天最多可为车辆提供 3-5 公里的额外续航里程。

从 2021 年开始，光伏产业突飞猛进，进入新的一轮上升周期。比亚迪太阳能似乎也想趁此机会大干一场，扶持起比亚迪除汽车外的新增长极。然而，一切未能如愿。比亚迪太阳能还未来得及有所作为，光伏产业就已变为"红海"。从 2023 年下半年开始，中国光伏再次陷入产能过剩的低谷。光伏企业普遍陷入亏损，二三线企业生存困难，行业"洗牌"在即。在这样的背景下，比亚迪太阳能恐怕也难以有所作为了。要想在光伏产业中崛起，需要耐心等待下一轮周期。王传福的光伏梦，看来还要推迟数年才能实现。

另一个需要王传福警惕的是，中国光伏产业的历史并不比新能源汽车产业历史短，但却一直处在周期怪圈中。几乎每过三五年，光伏产业便跌入一次低谷。2008 年金融危机、2013 年欧美"双反"、2018 年"531"新政以及 2023 年产能过剩危机，均引发行业剧烈震荡。而几乎每一次产业低谷期，都会有曾经叱咤风云的龙头企业"倒闭"，如无锡尚德、英利集团、汉能集团，都在短时间内走向没落。现实表明，这个产业虽然历史"悠久"，却一直未能发展成熟。外部环境的一点风吹草动，都会将其"掀翻"。

因此，王传福要在光伏行业打下一片"天地"，不仅要考虑如何应对杀红了眼的光伏企业，在技术上建立自己的竞争优势，更要考虑如何能立稳脚跟，不被产业周期所淘汰。

第二节 储能强势回归

相比光伏业务的不温不火，比亚迪的储能业务在蛰伏多年后，抓住了行业爆发的机遇。

从 2008 年成立电力科学研究院起，比亚迪的储能业务就在行业遥遥领先。但彼时的储能产业尚未形成，已有的储能项目都是示范项目，没有经济性可言。此后，随着比亚迪整体进入"至暗时刻"，储能业务更是收缩战线。2018 年，比亚迪对外宣布，今后不再参与国内储能招标项目。2020 年，比亚迪全球储能出货量被宁德时代超越，此后便一直扮演"储能老二"的角色。

海外市场一直是比亚迪储能的主要发力市场。2011 年，其首个对外出口的集装箱式 4MWh 储能系统成功运抵美国雪佛龙，这标志着比亚迪正式进军国际市场。次年，比亚迪储能产品获得美国最大电力公司之一的杜克能源的肯定。2014 年，在美国，比亚迪首个调频储能电站成功发电。同时，比亚迪与当地签约了 63MW 的储能项目。2016 年，与意大利最大电力公司 ENEL 展开合作。此后，比亚迪储能业务在美国、欧洲等地发展起来。到 2023 年底，比亚迪储能业务已延伸至 107 个国家和地区，累计全球出货量达 40.4GWh。2025 年开年以来，比亚迪中标沙特电力公司总装机容量 2.5GW/12.5GWh 储能系统（BESS）项目，刷新中国企业海外储能订单纪录。该项目搭载的正是新一代 MC Cube-T 魔方储能系统。3 月，比亚迪储能宣布与 GreenvoltPower 签署合作协议，共同在波兰开发电池储能系统项目，总容量达 1.6GWh。

比亚迪储能的海外业务持续扩张的同时，国内储能市场正发生翻天覆地的变化。就在比亚迪 2018 年宣布不再参与国内储能招标后不久，国内储能市场发展开始提速。到 2022 年初，国家在储能方向的政策力度加大。尽管国内的大储市场、电网侧与电源侧大部分还处于亏钱状态，但工商业储能已经在国内有了比较清晰的盈利模式，包括江浙一带、广东等地已经有了明确的峰谷套利模式。

比亚迪储能身在海外，却一直关注着国内储能市场的发展。随着国内储能市场提速，比亚迪储能又开始尝试回归国内市场。先是在 2020 年储能国际峰会上，当时的比亚迪储能业务总经理尹韶文称，比亚迪要带着新近研发的产品，回归国内市场开发。尹韶文还说，要与全球的商业伙伴共享储能业务平台。此举被业内解读为比亚迪储能业务积极重返国内市场的信号。

2023 年，比亚迪在国内储能市场布局明显大提速，先后与国家电投、上海野牛兄弟电力、联科熙和、中城大有达成合作，并中标多个大型储能系统框采项目。同年，比亚迪推出首款刀片电池打造的魔方储能系统，并于当年实现了量产交付。比亚迪的魔方储能系统突出了四个"超"能力——超高容量密度、超高安全、超长寿命和超低成本，是能够实现降维打击的新一代储能系统。

2023 年底，弗迪电池正式更名为比亚迪储能。[1] 2024 年 4 月，比亚迪发布全新一代魔方电池系统 MC Cube-T，该产品在刀片电池和 CTS 专利技术基础上发展而来。该产品的容量密度比此前一代增多 18%，容量达 6.432MWh。并且，突破一键启动免调试、故障诊断、智能温控交互技术等，实现模块化、标准化和智能化的设计，覆盖工商业和储能电站领域。此后，比亚迪又发布了液冷中压级联储能系统，并出

---

[1] 《拓展储能技术 深圳弗迪电池更名为比亚迪储能》 https://news.bjx.com.cn/html/20231226/1352178.shtml。

货至南方电网，成为国内首批液冷式级联储能示范项目。2025 年初，比亚迪又推出新一代工商业储能液冷一体柜 Chess Plus。该产品采用储能专用厚刀电芯（320Ah），循环寿命＞ 10000 次，Pack 级 IP65 防护等级，系统能效可达 90%，主打多重安全防护、快速回本闭环、全景场景适配及深度智能运维四大创新方向，直击工商业储能市场的痛点。此外，比亚迪储能新品搭载智能运维系统，支持光储充一体化、工业园区及微电网等多场景运行模式。其智能液冷技术通过精准控温保障电池组温度均匀性，提升电芯、PCS、热管理全环节能效，使系统能效可达 90%。同时利用高算力设备预警故障，兼具云计算与本地计算的混合架构，能够更快进行故障预警和 SOC（剩余电量）算法优化，确保系统运行的精准性和安全性。

电池企业出身的比亚迪发展储能电池业务有着先天优势。但目前储能行业还存在着很多问题。

2023 年之后，刚刚发展起来的储能行业，就步新能源汽车、光伏的后尘，陷入低价"内卷"之中。储能产品本身并没有足够的盈利能力，过去，依靠"新能源强制配储"等政策，储能项目才能获得收益。但未来的政策趋向是取消强制配储。如此，储能必须找到自己的盈利模式，才能发展下去。一方面，储能要发挥自己调节新能源波动性、间歇性、随机性的优势，以峰谷套利获得盈利。另一方面，储能仍要继续降低成本，以获得更多盈利空间。这样看来，比亚迪要想在储能行业保有现在的地位，并向行业第一冲锋，必须在技术上有更多突破，实现进一步降本。

"力争全球储能市场份额第一。"这是比亚迪的夙愿。同时，比亚迪对外宣称要在储能领域也造出类似刀片电池、汉等现象级产品。Infolink 发布的 2024 年储能榜单中，比亚迪位列直流侧全球储能系统集成商第二名、全球储能电芯出货第四名；在 SNE 的榜单中，比亚迪动力及储能电池出货排名全球第二，市占率 15%。

第三节　轨道交通再起程

在云轨初期试验后，王传福没有放弃对轨道交通的推进。但从2021年到2025年，国内主管部门不再批准普通地级市建设地铁或轻轨，这相当于直接堵死了云轨在国内的发展道路，比亚迪的云轨梦几近破灭。甚至还有未经证实的传言称比亚迪将解散轨道交通事业部。

不过，王传福并没有就此停止探索。国内市场走不通，那就去国外试试，比亚迪开始把目光转向海外市场，希望能在那里找到新的机会。

比亚迪首先在巴西看到了发展机遇。2020年，比亚迪与巴西圣保罗地铁公司合作。双方的合作围绕当地17号线展开，比亚迪为其提供整体方案，包括14列5辆编组单轨列车，也就是云轨。比亚迪还针对17号线制造了UTO级信号系统、道岔、导电轨、工程车、洗车机、中央控制系统等产品。并且，比亚迪还为圣保罗地铁提供工程集成、安装、调试、培训等技术服务。[1]

2024年，比亚云轨成功交付巴西圣保罗地铁17号线，这是云轨在海外市场的第一个项目。该云轨上装有车载乘客信息系统、智能监控系统、紧急对讲系统。列车还搭载全自动无人驾驶系统，可提供更精准的运营控制，以此保障准点率。

---

[1]　《比亚迪正式签约巴西圣保罗市轨交"黄金线"项目》https://company.cnstock.com/company/scp_gsxw/202005/4529054.htm。

此外，比亚迪也跟菲律宾、柬埔寨、摩洛哥、埃及等达成了合作协议。其中，与摩洛哥政府签署的绿色交通战略协议规模最大，计划建设超过 130 公里的云轨线路。如果这些项目都能顺利实施，那么比亚迪的云轨业务，或将迎来新的转机。

海外市场虽然有机会，但也充满了挑战，不同的国家，有不同的市场环境、政策法规和文化背景，比亚迪需要根据当地的情况进行调整，才能更好地适应市场需求。

2018 年，巴西巴伊亚州公开招标，为萨尔瓦多市修建一条轨道交通线路。招标方非常认可比亚迪的云轨方案。最终，比亚迪中标，该项目金额约 6.89 亿美元。不过，有意思的是，其实当地政府最开始是想修建一条轻轨。但当政府看到云轨后，对其产生浓厚兴趣，最终决定采用云轨方案。2019 年初，巴伊亚州政府与比亚迪正式签约，准备建设跨海云轨。然而，令人没有想到的是，到了 2023 年 10 月，由于项目成本不断攀升以及技术分歧，巴伊亚州政府与比亚迪联合达成协议，双方决定终止云轨项目合同。

应该看到，云轨的发展前景，并不在于它能否成为主流的交通方式，而在于它能否在特定的场景下发挥作用。在一些中小城市，或者景区、园区等特定区域，云轨或许能找到自己的定位，成为一种补充性的交通工具。退一步讲，云轨的出现，本身就是一种创新，即使最终失败了，也能为未来的交通发展提供借鉴。

在云轨折戟的同时，比亚迪的云巴推广也不尽如人意。尽管国内重庆、深圳等地已成功建设并运营了云巴项目，但仍有不少城市的云巴项目进展缓慢，甚至面临停滞不前的困境。西安高新云巴即是一例。2018 年，高新云巴示范线项目宣布启动，原计划于 2019 年年底前建成通车，但因国家政策调整等不可抗力，该项目未能进入实质性建设阶段。随后，官方在 2020 年 1 月确认项目动工，预计 2021 年 6 月通车。然而，新冠疫情的爆发又使得开工时间被迫延后数月。直至 2023 年 11 月 20 日，高新云巴全线轨道贯通，官方名称也最终确定为"云巴"。高新云巴采用无人驾驶技术，配备三节车厢，每趟间隔五分钟，单程运行时间约四十分钟，整个项目的工程总承包金额为 15 亿元。经过一系列的试运行和试乘活动，该云巴终于在 2024 年 7 月 7 日正式开启为期一周的试乘服务。但此后，该云巴何时能正式开通运行却成为一个谜。

2025 年 3 月，比亚迪云巴郑州港区线宣布将要开通，这是继坪山、草堂、雨花及长丰园区后，第五条园区云巴线路。新开通的郑州港区云巴线全长 7.69 公里，设有多个站点，覆盖了工业园区的生产办公区和生活区，为阴霾中的比亚迪轨道交通业务增添了一丝欣慰。

比亚迪在 2024 年财报中提到："城市轨道交通领域，本集团将在绿色低碳、智能智慧、集成高效等方面不断创新，不断开拓城市应用和国际合作，助力城市打造低碳交通，实现绿色智能交通高质量、可持续发展。"看来，王传福不会放弃在城市轨道交通领域的探索。或许，在未来，能为人们打开一个更广阔的产业想象空间。

第四节　比亚迪的中国"芯"

2008 年，王传福听说一家濒临倒闭的半导体制造企业急于出售，随即果断决策，于当年 10 月签约，收购了这家企业。当时舆论对此议论纷纷。曾有报道指出，宁波中纬生产线老化，王传福入主后，每个月要扔进去 5000 万元。人们认为，王传福掏出 20 亿元也未必能填平这个"无底洞"。但王传福认为，这是战略性亏损。他表示，人们说的亏损程度过于夸张，"一个月才亏几百万"。

王传福将宁波中纬看作比亚迪"技术鱼池"中的一条大鱼。王传福还称宁波中纬是自己的一间"实验室"。他在里面开发了一项与变频功率相关的技术，电动车、光伏、储能都离不开该技术。此前，这项技术由三菱、西门子、ABB 等公司所垄断。这以后，事实证明了王传福的判断，比亚迪的半导体业务突飞猛进。2009 年，比亚迪推出首款车规级 IGBT 芯片；至 2020 年，在中国新能源乘用车电机驱动控制器用 IGBT 模块销售额排名中，比亚迪排在冠军英飞凌之后。但在一众国内厂商中，比亚迪位列榜首。在推出首款车规级 IGBT 芯片后，比亚迪还完成了 LED 全产业链布局，成立了自己的照明品牌。2015 年，比亚迪推出中国首款专为卡车及电动大巴开发的大功率 V-415 模块。2018 年，比亚迪量产车规级 8 位 MCU 芯片，将其用在车灯、车内按键等汽车电子控制场景。次年，比亚迪又将车规级 MCU 芯片从 8 位升级到 32 位。以出货量计算，比亚迪已成为中国最大的车规级 MCU 芯片厂商。

此后，在比亚迪的组织变革中，王传福希望推动半导体业务分拆上市。2020 年 4 月，比亚迪发布公告称，通过股权转让、业务划转，完成了对比亚迪半导体的内部重组，并拟以增资扩股等方式引入战略投资者。

资本市场对此表示欢迎。2020 年 5 月 A 轮融资结束，比亚迪半导体共获得 19 亿元的资金。这其中，包括红杉资本、中金资本、国投创新等 14 家知名投资机构，这些投资机构总共控制了比亚迪半导体 20.12% 的股权。随后，比亚迪又完成 A+ 轮融资，小米长江产业基金、招银国际、联想集团、中信产业基金、中芯国际、上汽产投、北汽产投、深圳华强等 30 家战略投资者参与其中。这些投资机构共获得比亚迪半导体增资扩股后 7.84% 的股权。融资完成后，比亚迪半导体估值 102 亿元。此后，王传福便开始推动半导体业务独立上市。[1]

然而，比亚迪半导体的上市之路未能如愿完成。先是因律所被调查导致 IPO 审核中止，后又于 2022 年主动撤回申请，并终止 IPO 进程。据称，终止上市与公司扩大济南半导体项目投资有关。2021 年，比亚迪与济南市国资达成合作，双方合资成立济南比亚迪半导体。合资公司主营业务为制造 8 英寸晶圆功率半导体器件。比亚迪在公告中称，终止上市主要是为了"加快晶圆产能建设"。

此后，王传福称，比亚迪半导体业务的上市目标不变，只是进程有所调整。他解释称，集团汽车业务快速成长、需求巨大，因此，半导体产品大部分供给比亚迪内部，独立性比较差。

不过，王传福也表示，比亚迪整车业务不可能一直持续高速增长。当整车业务增长速度减弱时，半导体业务就不会对比亚迪有这么大的依赖性。"比亚迪会持续推进半导体上市，哪个市场有吸引力，就去

---

[1] 《"车规芯片第一股"即将诞生，比亚迪半导体创业板 IPO 成功过会，缺芯潮下能否承担国产化重任？》，https://www.163.com/dy/article/GUSEEGL80519VPHD.html。

哪上市。"王传福说。[1]

比亚迪半导体的主要产品之一 IGBT（绝缘栅双极型晶体管）被喻为电动车的"CPU"，负责控制电能转换与电机驱动。其性能直接影响车辆加速、续航与能效。一台电动车约需 200 个 IGBT 芯片，成本占比高达 7%~10%。因此，2020 年之后的新能源汽车浪潮，使得比亚迪半导体业绩暴增。2021 年，比亚迪的功率半导体、智能控制 IC、智能传感器三类产品实现的第三方销售收入分别同比增长 106%、144% 和 86%。比亚迪半导体的客户包括小鹏汽车、东风岚图、宇通汽车、小康汽车、长安汽车等整车企业，以及汇川技术、英威腾等一级供应商。

上市受阻后，比亚迪半导体的业务仍迅猛发展。尤其是在 2020—2022 年的新冠疫情期间，全球缺芯严重，而比亚迪集团依靠比亚迪半导体的自给能力，保障了电动车的生产。2024 年，比亚迪位于长沙的 8 英寸晶圆汽车级芯片生产线完成安装，进入生产调试阶段。至 2024 年，比亚迪半导体 IGBT 晶圆月产能 10 万片，可满足 120 万辆新能源车需求，长沙基地投产后将新增 25 万片 / 年产能。比亚迪半导体在国产车规级 IGBT 市场份额从 2019 年的 16% 提升至 2024 年的 20%。

从全球车规级功率半导体市场来看，跨国企业向来是这一市场的绝对领导者。而比亚迪半导体已成为国产车规级功率半导体领域的"领头羊"，有望带领中国本土厂商与国际厂商一决雌雄，加速功率半导体的国产替代。

值得注意的是，比亚迪 2024 年财报显示，研发费用同比增长 70%，达到 106.11 亿元，其中半导体相关投入占比超过 40%。

2025 年，比亚迪半导体规划产能可满足 400 万辆新能源车需求。随着比亚迪智能化战略落地（如"天神之眼"智驾系统覆盖全系车型），

---

[1]《计划不变，王传福最新回应》，https://stock.jrj.com.cn/2023/03/29183337438129.shtml。

IGBT 需求进一步爆发，预计国内新能源汽车 IGBT 市场规模将达 1050 亿元。虽然半导体业务没能成功上市，但在王传福的产业版图中，其地位将越来越重。

第五节　破解车险难题

2023 年，王传福再一次展现了垂直整合战略的魅力。比亚迪作为一家汽车制造企业，竟然挺进了保险业，甚至令保险业一阵惊慌，高呼"搅局者来了"。

事情要从 2020 年说起。2020 年 7 月，"明天系"旗下九家金融机构被监管部门接管，易安财险为其中之一。在两年接管期结束前，银保监会于 2022 年 7 月 15 日同意易安财险破产重整。2023 年，比亚迪作为重整投资人，以 700 万元对价获得易安财险 10 亿股股份，易安财险成为比亚迪独资子公司。此后，王传福将其改名为"比亚迪财险"。

王传福为何进军保险行业？看似令人匪夷所思，其实道理非常简单。比亚迪造车、卖车，而消费者买到车后需要给车上保险，比亚迪干脆将产业链继续延伸，整合汽车金融环节，进入保险行业，从事车险业务。王传福认为，如果在车辆设计上能够拆件维修，就能大幅降低保险赔险成本，拉通保险和设计。"比亚迪要挖掘保险中的费用，降低保险成本，做到保险不赔钱还能赚钱。通过保险发现的问题，来优化新能源车的设计。"[1]

2024 年 4 月，金融监管总局发布批复，同意比亚迪财险在安徽、江西、

---

[1]《特斯拉 VS 比亚迪：电车巨头的保险新浪潮》，丁艳，杨芮，《财经》，2024 年 8 月 25 日。

山东（不含青岛）、河南、湖南、广东、陕西、深圳等地实行统一的交强险条款、基础保险费率以及费率浮动系数。比亚迪财险正式"开业"，进军汽车保险市场。

保险业流传着一句话："得车险者得天下。"比亚迪财险背靠车企，来势汹汹。业内担心其是一条搅局的"鲶鱼"。但另一方面，很多人期盼比亚迪能不同于传统的保险公司，以一种新的模式解决新能源车险领域遇到的难题。

自新能源汽车浪潮兴起后，新能源汽车的保险问题便困扰行业。新能源汽车的保费高于燃油车，金融监管总局的数据显示，2023年，我国新能源汽车车均保费为4395元，比燃油车高63%。扣除车龄等因素，新能源新车保费仍比燃油车新车高约10%。

但是，由于新能源车较高的维修成本，高昂的保费并未能给险企带来丰厚的利润，险企在新能源车险业务上普遍处于亏损状态。车险领域由此形成了"车主喊贵，险企叫亏"的尴尬局面。

人们认为，比亚迪作为中国最大的新能源车企，掌握大量的汽车数据，具备精准定价的能力，有望破解新能源车险高保费、高亏损的难题。

一位车险行业的资深从业者分析称："主机厂险企最大的劣势，就是缺乏服务网络和运营能力，在核保核赔能力方面比传统保险公司要弱，但有个两三年就会逐渐成熟；另外就是开业区域和产品突破创新受限。但同时它们拥有巨大的数据优势，包括车主的驾驶行为、喜好、行驶里程等。像比亚迪存量车主大概有100多万人，公司掌握着大量的行驶数据，理论上可以筛选出事故发生率和赔付率非常低的优质车主由自己承保，可能比亚迪财险的COR（综合成本率）很快就低于100%。"

然而，经过2024年的探索，比亚迪的保险业务却不尽如人意。比亚迪财险2024年度保险业务收入共有13.51亿元，亏损1.69亿元。偿付能力报告显示，比亚迪财险13.51亿的保险业务收入中，四季度贡献最多，达 8.05 亿元，但仍处于亏损状态，第四季度亏损 8138 万元，全年亏损 1.69 亿元。亏损的原因可在比亚迪财险双双破 200% 的综合成本率、综合赔付率上窥得端倪。比亚迪财险 2024 年的综合成本率为 308.81%，综合赔付率为 233.92%，而业内综合成本率多在 100%~150% 之间。

比亚迪财险仍处于发展初期，在渠道建设、技术开发和团队扩张方面投入巨大，运营成本居高不下。尽管比亚迪拥有新能源汽车的车辆数据优势，但初期对驾驶行为数据、电池健康状态等风险变量的分析应用尚未成熟，导致保费与风险匹配度较低。

值得注意的是，整车企业进入保险行业"探险"，并不是只有比亚迪一家。特斯拉早在 2020 年就曾想进入中国车险市场，但却未能如愿。2024 年，在比亚迪进军车险后，特斯拉再度重启中国车险市场。此外，诸多造车新势力们也纷纷进军"保险圈"，理想、蔚来、宝马等均在 2022 年之前便拿下了保险经纪牌照。2024 年，刚刚造车不久的小米也入局车险市场，小米与法国巴黎保险集团、大众汽车金融服务海外股份公司合资成立了"北京法巴天星财产保险股份有限公司"。

一些险企人士担心，以后数据都被比亚迪等车企垄断，保险公司将难以为继。但更多的人对车企进军保险不屑一顾。中国人保副总裁于泽认为，新能源车企进入保险行业并不会造成较大影响。于泽分析称，由于车险是管理型的险种，依赖于庞大的人才队伍，车企有销售渠道和销售人才，但他们可能缺乏有定价和精算能力的人才。另一方面，传统保险公司多年积累的历史数据，可以支撑起公司的精算和定价能力。此外，车险对承保和理赔服务网点要求高，车企缺乏庞大的保险服务体系，无法支撑车险业务。也有人呼吁，车企与险企加强合作，将车企的数据优势发挥出来，结合险企的渠道等优势，获得双赢。

无论如何，汽车金融领域仍有很多需要摸索的地方，比亚迪财险刚刚起步，未来仍需久久为功。

第六节 智能未来

2024年年底，比亚迪的一则招聘信息引发舆论热议。这则招聘信息，聚焦于第25届具身智能研究团队的扩建。此次招聘涵盖了多个关键岗位，如高级算法工程师、高级结构工程师及高级仿真工程师，旨在吸引人才加入其人形机器人和双足机器人等多个前沿领域的研究团队。

媒体报道称，2024年上半年，比亚迪第十五事业部进行了组织架构调整，旗下的科技研究院分出一部分员工，成立了人工智能实验室，后更名为未来实验室。该实验室专注于具身智能的研究，包括机器人技术，并正在大规模招募相关领域的专业人才。目前，实验室的首要目标是实现工业机器人的落地应用，主要形式为AGV（类轮式移动机器人），而其他具身形态的研发仍处于预研阶段。

还有消息称，比亚迪已正式启动了一个内部代号为"尧舜禹"的人形机器人项目。

所谓具身智能，是一种强调智能体在物理环境中的身体与智能相互依赖的理论。该理论认为，智能不仅仅是大脑的产物，还涉及身体与环境的互动。智能行为通过感知环境并采取适当的行动来解决问题，这种互动过程包括循环的感知、决策、行动和反馈。人形机器人就是具身智能领域的一个产品类别。

2023年，中国具身智能产业市场规模达143亿元，同比增长34.9%。有预测认为，2024—2026年具身智能市场规模增速将超过

30%，2026 年有望达到 395 亿元，2030 年或突破万亿元，显示出巨大的发展潜力。

近年来，具身智能技术正经历快速迭代。在感知方面，多模态传感技术不断升级；在控制方面，深度强化学习带来新的突破；在决策方面，大语言模型的引入大大提升了机器人的认知能力。这些技术进步为具身智能在工业生产中的规模化应用奠定了基础。随着具身智能与 AI 大模型的深度融合，机器人的自主学习和适应能力将进一步提升，应用场景也将不断拓展。

在实际应用层面，具身智能机器人已经开始在汽车制造领域崭露头角。优必选的 Walker S 系列机器人已经进入多家车企的生产线，在东风柳汽负责车身质检和油液加注，在极氪智慧工厂执行物体搬运和质量检查任务，在蔚来进行车门锁和安全带检测，在一汽大众完成螺栓拧紧和零件安装等工作。这些应用案例证明了具身智能机器人在工业生产中的实际价值。

国际车企也在积极推进相关应用，宝马与 Figure AI 的合作、奔驰启用 Apptronik 的 Apollo 人形机器人都是很好的例证。这些合作不仅提升了生产效率，也为具身智能机器人在工业领域的落地应用积累了宝贵经验。

王传福似乎已将具身智能当作未来市场竞争的重点。2023 年，他便开始布局具身智能的代表技术——人形机器人领域。2023 年，比亚迪以 3.76% 的股权比例领投智元机器人 A+ 轮融资。彼时这家成立不过半年的新锐企业，凭借过硬的技术实力，估值已然突破 70 亿元大关。截至 12 月 15 日，智元机器人的累计产量已有 962 台，年底计划产量将近千台。上海临港工厂的投产，使智元机器人成为继 Agility Robotics 旗下 RoboFab 人形机器人制造工厂之后，全球第二座专门的人形机器人制造工厂。2024 年 11 月，在比亚迪长沙工厂，专注于人形机器人技术研发的企业优必选，推出了全球首个实现人形机器人与无人物流车协同作业的工业场景解决方案。

比亚迪深耕新能源汽车领域多年，在电池、电机、电子系统三大关键领域积累了深厚的技术底蕴。这一优势犹如一座强大的"技术宝库"，为人形机器人研发提供了全方位支持。在电池技术方面，比亚迪的刀片电池以高安全性、长寿命、高能量密度著称，可为机器人提供持久稳定的动力源，确保其长时间高效运行，无需频繁充电，这对于需要持续作业的人形机器人来说至关重要。电机技术的优势则体现在为机器人关节提供强劲、精准的动力输出，使其动作更加流畅、敏捷，无论是精细操作还是快速移动都能轻松应对。电子系统领域的专长，让比亚迪能够自主研发高性能的控制器、传感器等关键部件，实现机器人的智能化控制与精准感知，使其能更好地适应复杂多变的工作环境。凭借全产业链优势，比亚迪不仅能有效降低机器人的研发成本，还能在技术协同创新上实现"1 + 1 > 2"的效果，加速人形机器人的商业化进程。

在比亚迪 2024 年财报中，关于公司未来发展展望，"新型智能产品业务方面，本集团完成自主移动物流机器人 AMR 的开发，并开始应用于本集团自身制造场景。本集团在 AI 数据中心领域持续投入大量的研发资源，已形成包含 AI 服务器、液冷系统、电源管理、高速通讯的全面产品布局，为本集团打开了广阔的增长空间。依托强大的技术平台优势，本集团已针对 AI 机器人的多个核心零部件及系统整机进行全面布局。未来，本集团依托世界一流的研发实力、全球化布局和垂直整合优势，将持续开拓高增长潜力的新品类和新市场，实现业务的长期可持续发展。"

从财报规划来看，除了"绿色梦想"，以具身智能为代表的"智能未来"或许已经成为王传福产业布局的重要组成部分。

第十一章

锻造全球化企业

如今，在全球车企销量排行榜中，比亚迪位列全球第五。对于王传福来说尚不足够，"为中国人争一个面子"，那至少要排名前三，并在汽车业站稳脚跟，成为一个真真正正的全球汽车行业的领导者。

第一节　全球化基因

　　作为中国新能源汽车领域的领军企业，比亚迪的全球化战略并非一蹴而就，而是经历了从电池电子业务到商用车、再到乘用车的渐进式拓展。在 2021 年之前，比亚迪的"产品出海"以电池、商用车为核心，通过技术积累、本土化布局和产业链深耕，为后续乘用车的爆发奠定了坚实基础。

　　比亚迪的全球化征程始于 1998 年。彼时，比亚迪以二次充电电池业务起家，首家海外分公司落地荷兰。1999 年，又成立了北美分公司，正式开启电子产品的国际化之路。这一阶段的业务聚焦于电池代工和消费电子零部件，客户包括诺基亚、摩托罗拉等国际品牌。通过早期国际贸易，比亚迪不仅积累了跨国运营经验，还以高性价比的制造能力逐步打响"Made by BYD"的品牌知名度。

　　电池业务的出海为比亚迪奠定了全球化的基因。在这个过程中，比亚迪锻造了全球化的视野。通过与国际企业合作，比亚迪熟悉了不同市场的法规与需求，为后续汽车业务出海铺路。2002 年，比亚迪成为诺基亚全球供应链中的中国首家锂电池供应商，进一步巩固国际地位。至 2008 年全球金融危机前，比亚迪消费类电池已覆盖手机、笔记本电脑、无绳电话等多个领域，客户包括苹果、三星等国际品牌，出口额连续三年保持 30% 以上增速。

　　跨界造车后，比亚迪又开始了汽车出海之旅。2007 年，比亚迪与葡萄牙、安哥拉等国签署万辆出口协议，F3 首次登陆欧洲市场，凭借7.38 万元起的售价和 1.6L 三菱发动机，以性价比优势切入中低端市场。同年推出的 1.8L 自动挡车型搭载 BYD483QA 发动机，最大功率提升至90kW，为后续拓展东南亚、中东等地区市场奠定基础。2010 年，F3 全系换装 1.5L BYD473QB 全铝发动机，油耗降低 12%，加速性能提升，迅速成为沙特、伊拉克等海湾国家的热门车型。数据显示，2010 年比亚迪海外销量突破 5 万辆，其中 F3 占比超 60%。至 2016 年第三代车型上市时，F3 已出口至 59 个国家，累计海外销量超 25 万辆。

在巴菲特以 18 亿港元入股比亚迪后，比亚迪汽车有关人士即表示：巴菲特的入股以及旗下中美能源的基础优势将加快比亚迪拓展北美市场的步伐，尤其将加快电动汽车在北美的推广。[1] 业内普遍认为，通过巴菲特在美国的影响，比亚迪有机会提前实现进军美国的计划。不过，后来的事实证明，比亚迪进军美国靠的是商用车。

2010 年，比亚迪正式启动"城市公共交通电动化"全球战略，以自主研发的 K9 纯电动巴士为先锋，开启商用车出海征程。这款搭载磷酸铁锂电池的 12 米低地板车型，凭借 250 公里续航和一级踏步设计，成为突破海外市场的核心产品。次年，比亚迪和丹麦最大公交运营商 Movia 签约，K9 首次登陆欧洲市场，为后续布局奠定基础。2013 年成为比亚迪技术认证的关键节点。K9 通过欧盟 WVTA 整车认证，获得在欧盟无限制销售权。2014 年，K9 完成美国阿尔图纳测试中心 2.4 万公里严苛路试，成为首台通过该认证的中国电动巴士，为后续订单扫清了障碍。

2014 年 6 月，比亚迪与美国长滩运输公司达成合作，交付了 10 辆K9。这些电动巴士总价值 1400 万美元，标志着中国电动巴士首次进入

---

[1] 《巴菲特：看好比亚迪为代表的中国技术型企业》，吴华国，《经济参考报》，2009 年 1 月 21 日。

美国公共交通系统。次年 4 月，洛杉矶大都会运输署接收首批 K9，王传福亲自出席交付仪式，这款售价 80 万美元的车型开始服务好莱坞星光大道。截至 2015 年，比亚迪已在美国 13 个州部署电动巴士，占据 80% 市场份额。

在亚洲市场，比亚迪同样取得历史性突破。2015 年 2 月，5 辆 K9 纯电动巴士在日本京都投入运营，并举行了首发仪式。从这一天起，比亚迪成为首个进入日本市场的中国汽车品牌。这些零排放巴士由京都急行巴士株式会社运营，行驶在当地车站至市区多条线路上，其 250 公里续航能力完全满足城市通勤需求。同年，比亚迪与印尼雅加达公交公司达成 150 辆 K9 订单，计划 2017 年完成交付，标志着在东南亚市场的实质性突破。

欧洲市场方面，比亚迪采用"技术示范 + 政策合作"模式快速渗透。2015 年第 21 届联合国气候变化大会后，欧洲加速能源转型，比亚迪借机拓展至英、德、法等 20 余国。2017 年，英国 Go-Ahead 集团授予比亚迪 100 辆双层巴士订单，每台售价 40 万英镑，比本土竞品低 10 万英镑。这些搭载新一代刀片电池的 BD11 车型，续航达 643 公里，支持双枪快充，成为伦敦街头新地标。截至 2021 年，比亚迪在英国电动巴士市占率突破 60%，覆盖 100 余座城市。

技术迭代与本地化运营构成比亚迪海外扩张的双引擎。其研发的 60 英尺电动巴士成为北美长途运输标杆，续航超 400 公里。比亚迪在匈牙利建立的欧洲生产基地，实现了"欧洲制造服务欧洲"。比亚迪还通过与斯坦福大学、谷歌等机构合作，建立了"校园通勤 - 企业班车 - 市政公交"的应用场景矩阵。2020 年，比亚迪纯电动大客车（10 米以上）全球销量突破 5 万台，连续三年位居全球第一。

从北美沙漠小城到欧洲历史古都，从东南亚热带岛国到东亚工业强国，比亚迪 K9 足迹遍布五大洲 48 个国家和地区。这家中国车企以"技术先行、生态共建"策略，在全球气候变化背景下，将中国智造的绿色出行方案转化为现实，重塑了商用车市场格局。

2018 年 12 月，比亚迪乘用车首次试探性出海，向墨西哥发运 10 台元 EV。这批右舵车型由当地经销商 Automotora Gildemeister 负责销售，每台售价约 3.5 万美元，略高于同级燃油车。尽管规模极小，但标志着比亚迪正式启动乘用车国际化进程。

2019 年，比亚迪将目光投向加勒比岛国巴哈马。通过与当地政府合作，首批 20 台宋 DM 作为政府公务用车交付，每台补贴后售价约 5 万美元。这批插电混动车型配备 1.5T 涡轮增压发动机 + 双电机，纯电续航 80 公里，适应岛国短途通勤需求。

2020 年成为比亚迪出海的关键转折年。这一年 5 月 7 日，比亚迪唐 EV 在挪威首都奥斯陆举行全球首发，首批 1500 辆订单被当地经销商 Motorskeivt 抢购一空。这款售价 6.5 万美元的 7 座 SUV，搭载 100kWh 刀片电池，CLTC 续航 565 公里，支持 11kW 家用充电桩和 100kW 快充。为确保交付，比亚迪专门组建跨国物流团队，租用中远海运 "天禧轮" 货轮，单船可装载 1200 辆汽车，从深圳港出发经苏伊士运河直达鹿特丹港，全程耗时 28 天。

同年 10 月，比亚迪与老挝最大汽车经销商 Phonesavanh Group 签约，在万象建立首个 4S 店。首批上市的唐、宋、元三款车型均提供右舵版本，其中元 EV 售价 3.2 万美元，较同级燃油车溢价 15%。为适应老挝路况，比亚迪对底盘进行强化，离地间隙增加 15mm，并提供 3 年 / 10 万公里质保。

截至 2020 年底，比亚迪海外乘用车累计销量 4403 辆，其中挪威市场占比 34%。值得注意的是，唐 EV 在挪威的交付周期长达 4 个月，部分客户通过支付 5000 美元加急费提前提车。这种限量销售策略既缓解了产能压力，又制造了市场热度，同时为后续车型导入积累了经验。

乘用车的 "试探性" 出海，在 2021 年升级为正式的出海计划，比亚迪由此加速全球化进程。

第二节　施瓦辛格的邀请

2010 年 5 月 1 日，洛杉矶市政厅的新闻发布厅里，加州州长阿诺·施瓦辛格与王传福的手握在了一起。这场由洛杉矶市长维拉戈萨主持的发布会，宣告比亚迪北美总部正式落户天使之城。[1] 也预示着比亚迪将尝试汽车产能的出海。

作为首个在美设立总部的中国车企，比亚迪的到来恰逢其时——美国刚刚通过《美国复苏与再投资法案》，联邦政府对零排放交通工具的采购补贴政策，为这家来自深圳的新能源企业打开了市场大门。

在北美总部成立后的三年间，比亚迪团队马不停蹄地展开战略布局。2013 年 5 月，加州兰卡斯特市莫哈韦沙漠边缘的荒地上，一座投资数千万美元的现代化工厂拔地而起。这座占地 4.1 万平方米的电动巴士工厂，初期规划年产 1000 辆 K9 型电动巴士，通过本地化生产突破"购买美国货"条款限制。为争取这一投资，时任兰卡斯特市长雷克斯·帕里斯展现出惊人的行动力：不仅承诺 30 天内完成工厂审批流程，更将比亚迪零能耗住宅模型引入城市规划，打造绿色示范社区。

工厂建设期间，比亚迪遭遇了北美市场的首个重大挑战。其原型车在阿尔图纳测试中心的碰撞测试中出现车身裂缝，引发联邦运输管理局 (FTA) 的技术质疑。企业迅速组建由美国工程师主导的技术团队，

---

[1] 《王传福在争议中前行》，https://world.huanqiu.com/article/9CaKrnJnuaR。

耗时 116 天完成 2.4 万公里严苛路试，最终成为首台通过该认证的中国电动巴士。这一成果不仅为后续订单扫清了障碍，更推动了美国电动巴士安全标准的修订。

兰卡斯特工厂的运营模式开创了中国车企海外本地化的先河。工厂 90% 员工来自当地，涵盖研发、生产、质检全链条。比亚迪专门设立北美研发中心，针对北美市场需求优化车型设计：60 英尺电动巴士采用双源无轨技术，适应复杂路况；校车产品线配备碰撞预警系统，满足美国联邦机动车安全标准。这种"技术嫁接 + 本土创新"策略，使比亚迪在 2015 年获得洛杉矶 155 辆电动巴士订单时，能够将本地化率提升至 90%。

在供应链层面，比亚迪同步建设电池工厂，实现磷酸铁锂电池的本地化生产。其自主研发的电池管理系统，不仅使巴士续航突破 400 公里，更通过模块化设计将制造成本降低 30%。这种垂直整合能力，让比亚迪在与 Proterra 等本土企业的竞争中保持优势，连续三年占据美国电动巴士市场 80% 份额。

2014 年 6 月，长滩运输署 10 辆 K9 巴士的交付仪式上，王传福亲自驾驶新车驶入港口。这笔价值 1400 万美元的订单，标志着中国电动巴士首次进入美国公共交通系统。随后，斯坦福大学、加州大学洛杉矶分校等教育机构，以及谷歌、Facebook 等科技企业，相继成为比亚迪客户。截至 2015 年，比亚迪电动巴士已覆盖全美 13 个州，累计行驶里程突破 1500 万英里，相当于绕地球 600 圈。

商用车领域的突破同样令人瞩目。2016 年，比亚迪与洛杉矶港合作打造全球首个"绿色港区"，部署电动卡车与储能系统，实现港口运输零排放。这种"场景化渗透"策略，使其在物流、环卫等领域迅速扩张：纽约市的电动垃圾车、芝加哥的电动出租车队，都成为比亚迪技术实力的流动广告。至 2021 年，比亚迪已在美国市场交付超 700 辆电动巴士，订单总额突破 10 亿美元。

不过，2013 年的劳工纠纷成为重要转折点。加州劳工委员会指控比亚迪违反最低工资标准，尽管最终罚金从 10 万美元减至 3.7 万美元，但舆论风暴迫使企业进行组织变革。比亚迪聘请克林顿政府前顾问兰尼·戴维斯组建危机公关团队，同时建立政府关系部门，强化与地方政府的沟通协作。这一事件促使企业完善合规管理体系，2017 年工厂扩建时主动加入工会，成为北美唯一实现劳资合作的电动巴士制造商。

技术迭代始终是比亚迪的核心竞争力。2017 年工厂三期工程竣工后，年产能提升至 1500 辆，并引入工业机器人提升生产精度。其研发的双枪快充技术，使巴士充电时间缩短至 2 小时，以适应北美高频次运营需求。这种持续创新能力，让比亚迪在 2021 年获得 Levo Mobility 公司 5000 辆 V2G 技术车辆订单时，能够快速响应，将产品线拓展至校车、牵引车等领域。

经过十年深耕，比亚迪在北美形成独特的"技术扎根 + 生态共建"模式。2021 年洛杉矶车展上，汉、唐等高端车型的亮相，标志着乘用车出海计划正式启动。与此同时，墨西哥工厂的筹建工作悄然展开，企业计划投资 6 亿美元，利用《美墨加协定》关税优惠，构建北美生产网络。这种"商乘并举"的战略布局，使比亚迪在北美市场形成公共交通、商用车、乘用车协同发展的业务矩阵。

从沙漠小城兰卡斯特到国际都市洛杉矶，比亚迪用十一年时间完成了从技术试验到生态构建的蜕变。其北美工厂累计创造就业岗位超 2000 个，每年减少柴油消耗 170 万加仑，相当于种植 4.5 万棵树木。有人评价说："这里不仅制造汽车，更在构筑中美合作的绿色未来。"随着墨西哥工厂的推进和乘用车产品线的完善，比亚迪正以技术创新为舟，在全球新能源浪潮中书写中国智造的新篇章。

第三节　全球化再启

从 2021 年开始，中国汽车出口连续增长，2020 年 100 万辆，2021 年 202 万辆，2022 年 311 万辆，2023 年 491 万辆。其中 2022 年超过德国，2023 年超过日本，跃居世界第一。[1]

在此背景下，比亚迪的出口也飞速增长。2021 年 5 月，比亚迪完成了首个百万辆新能源汽车下线。与此同时，比亚迪正式宣布乘用车"出海"计划。2022 年比亚迪累计出口量为 5.5 万辆。2023 年比亚迪出口汽车 24.3 万辆，同比增速超过 300%。2024 年比亚迪在海外销售乘用车 41.7 万辆，相比前两年，分别增长 73.8% 和 644.6%。2025 年 1 月，比亚迪以 6.6 万辆的出口量，首次超过常年霸榜的"出口老大哥"奇瑞，登顶中国汽车出口冠军。

从全球市场来看，比亚迪捷报频传。2024 年，比亚迪在巴西、墨西哥拿下了纯电和插混车型销冠。比亚迪凭借 328.22% 的增速在巴西赢得"2024 年增长最快品牌"称号，宋 Pro 和海鸥等车型成为市场销冠。在哥伦比亚，元 UP 车型登顶销量榜，成为最畅销的电动品牌。比亚迪唐在挪威连续三个月蝉联中大型 SUV 销量冠军，超越了沃尔沃

---

[1]　《2024 中国汽车出口超 600 万辆，新能源汽车出口首次跨越 200 万辆大关》，刘凯，《华夏时报》，https://www.chinatimes.net.cn/article/142552.html。

XC90。在新加坡，比亚迪以6191辆的注册销量，超越丰田、宝马和特斯拉等车企，成为2024年新加坡最畅销的汽车品牌。这也是中国品牌首次拿下新加坡车市的冠军。在日本，2024年比亚迪纯电动汽车销量迅速增长，达到2223辆，超过了丰田汽车。2025年1月，比亚迪在英国、西班牙、葡萄牙三国销量同比暴涨551%、734%和207%，而特斯拉在这三个国家的销量却下滑了8%、76%和29%。

另外，2024年7月31日，比亚迪宣布，公司将与国际移动出行及配送科技公司优步（Uber）达成一项为期多年的战略合作，计划在全球关键市场投放10万辆全新比亚迪电动汽车，以进一步扩大优步平台上的电动车阵容。此次合作预计将从欧洲和拉丁美洲起步，并逐步延伸至中东、澳大利亚以及新西兰等更多地区，让全球范围内的乘客都能享受到更加环保的出行体验。

另一个体现比亚迪汽车出口高速增长的事情是，比亚迪开始当起"船东"，买船出海。此前，比亚迪一直严重依赖国际和国内的远洋货运公司，大量的运费都被各大公司赚走了，特别是出口南美洲，一台比亚迪电车的运费超2万元人民币。"运价最贵的时候，价格甚至相当于生产一辆车，"业内人士描述汽车船运费的疯狂时表示，"中国车企共享着国内完善供应链的红利，从这个角度来看，车企拼山海的利润，几乎意味着拼谁的物流成本更低。"

比亚迪在2022年末下单订购6艘船，总造价高达5.84亿美元。加上租赁的船舶，比亚迪未来将运营一支由至少8艘滚装船组成的出海舰队。从2024年初开始，比亚迪的滚装船陆续交付启航。开拓者1号、常州号、合肥号、深圳号，截至2025年1月，比亚迪订的8艘滚装船已经交付到手4艘，每艘每次可以运5000~9200辆汽车。

海外市场高利润是中国车企走出去的最大动力。进入欧洲市场的比亚迪、蔚来、小鹏等，卖到了3万欧元，甚至9万欧元以上，远超中国本土，相较于欧洲品牌推出的同价位汽车，其配置处于领先地位。另外，据称比亚迪海豚在中国售价为2.44万欧元，而在德国售价高达3.59

万欧元。

　　不过，比亚迪等中国车企一窝蜂地涌向海外市场，也带来了很多问题。价格战即是其一。随着汽车出口的加速，本来只在国内进行的汽车价格战也波及到海外市场。2023 年下半年开始，中国车企在泰国开打价格战，并有愈演愈烈之势。比亚迪 ATTO 3 最初在泰国定价为 109.99 万泰铢，约合人民币 22 万元，相较于国内定价的溢价超过60%，但自上市以来，累计降价 4 次。目前，ATTO 3 售价仅 79.99 万泰铢。比亚迪在泰国的汽车经销商 Rever Automotive 宣布，比亚迪客户在规定时间内购买 ATTO 3 或比亚迪 Seal 车型时，可以获得高达 50000泰铢的现金返还。

　　在中国新能源车降价冲击下，就连日系车企都破天荒地在泰国进行降价，并提供分期付款优惠。2023 年，中国车企在泰国的市场份额突破 11%，而日系品牌的市场份额则跌至 78%。此前日系品牌的市场份额高达九成。

　　关于泰国发生的价格战，吉利汽车高级副总裁杨学亮认为，必须保持成本优势，不打粗暴价格战，"我们希望'卷'这个字能从中国汽车行业的字典里消除掉，'卷'字一日不消，中国汽车就不能真正走遍全球"。

　　而比亚迪对海外市场发生的挫折有另一番看法。比亚迪品牌及公关处总经理李云飞说："中国汽车品牌在全球化的路上，明滩、险滩或许不可避免。"

第四节 加速海外建厂

2020 年至今，国际贸易形势并未有所改善，贸易保护主义盛行，而汽车产业首当其冲。中国车企不断面临来自欧美市场的双重夹击：欧盟以"反补贴"为由加征高关税，美国则通过《通胀削减法案》变相禁止中国车企进入其市场。

对中国车企来说，面对日益复杂的国际局势，供应链的全球化布局，产能的本地化成为当务之急。车企的出海，已从"产品出海"走向"产能出海"。

比亚迪虽然此前试验过产能出海，但却从来没有实现过乘用车产能的出海。2022 年，比亚迪开始宣布在海外建厂。2023 年，比亚迪来到泰国罗勇府，开启海外建厂之路。比亚迪采用的是自建模式，在泰国拿地、建厂。比亚迪泰国工厂拥有四大工艺工厂和零部件工厂，涵盖冲压、焊装、涂装、总装等整车及饰件、车架、线束等专业零部件生产。2024 年 7 月 4 日，比亚迪在泰国罗勇府举行泰国工厂竣工暨第 800 万辆新能源汽车下线仪式；比亚迪泰国工厂从开工到投产历时仅 16 个月，年产能约 15 万辆，包含整车四大工艺和零部件工厂。除了供应泰国市场，还将出口东盟等市场。

此外，比亚迪乌兹别克斯坦工厂也已投入使用，以创新技术推动整个中亚地区的新能源汽车发展，同时满足中亚市场的销售需求。

除了乌兹别克斯坦、泰国的工厂外，比亚迪还正在建设巴西、匈牙利的工厂，还将在印尼、土耳其、墨西哥、法国、秘鲁、柬埔寨等国建厂。比亚迪匈牙利工厂将于 2025 年建成投产，预计年产能在 20 万辆左右，届时，该工厂将成为比亚迪辐射欧盟的桥头堡。在巴西，比亚迪规模最大的海外工厂预计 2025 年建成投产，初期产能 15 万辆，随后增加到 30 万辆。供应巴西和南美市场的巴西工厂将是比亚迪在中国之外最大、最先进的电动汽车生产厂。

对比亚迪来讲，要实现海外销量 500 万辆的长期目标，单靠整车出口难度极大，也不现实。因为即使按照王传福设定的目标，未来三年呈倍增式增长，到 2026 年海外销量也只有 200 万辆。所以，通过海外建厂和本地化生产提升销量已是大势所趋。而且，相较而言，海外建厂更有其独特优势。海外建厂的最大好处，是可以消除或减少关税壁垒的不利影响。比亚迪在土耳其建厂就是一个例子。2023 年 3 月，土耳其宣布对从中国进口的电动车额外征收 40% 的附加关税。但 2024 年 7 月初又公布总统令，规定在土耳其投资设厂的汽车厂商无须缴纳 40% 额外关税。而比亚迪与土耳其政府签署投资协议，就发生在新规定公布后几天。此外，土耳其与欧盟签有关税同盟协议，这就意味着，比亚迪土耳其工厂的产品进入欧盟市场时，将免征额外关税。而比亚迪在匈牙利设厂，出发点也同样如此。

海外建厂也是比亚迪成为跨国车企的必经之路。纵观丰田、通用等汽车巨头的发展史，无一不是在本国立足稳固后，便开始试图拓展更广阔的海外市场，并在当地建立生产基地，如丰田在泰国就建有 3 家工厂。这样做的目的，除考虑关税因素外，更可节约运输成本和贴近消费者需求。因此，对雄心勃勃的比亚迪来讲，要想真正成为跨国车企，到海外安营扎寨就是必须迈出的一步。

"中国汽车品牌真正要全球化，不仅仅要走出去，更要走进去。建工厂只是一个起步，后面还有很多工作要做。"在 2024 年 7 月 11 日的中国汽车论坛上，李云飞如是说。

确实如李云飞所说，产能走出去并不是一个简单的建厂的事情。

王传福在随后的巴西工厂风波中也深刻感受到这一点。2023 年 7 月，比亚迪宣布在巴西建设三座工厂，生产电动汽车和磷酸铁锂电池。2024 年 12 月，巴西公共劳工部发表声明称，因为劳工保护严重欠缺，关闭了比亚迪在当地的部分建筑工地和宿舍。比亚迪巴西工厂建设因此暂停。据媒体报道，为了提高效率，比亚迪巴西工厂选择了国内施工方和工人，管理方式也和国内类似，与当地的理念发生冲突。

这件事背后更深层次的问题是，中国企业到巴西扩建产能，直接抢走了当地车企的生意。2025 年 1 月，巴西媒体报道称，巴西全国机动车辆制造商协会（Anfavea）认为，2024 年 7 月巴西调整新能源汽车进口关税前，中国车企大量出口汽车导致港口积压。巴西此前为了鼓励新能源汽车发展对其免征关税。随着市场格局调整，2024 年 1 月起，巴西逐步恢复对新能源汽车征收关税，计划到 2026 年 7 月恢复至 35%。2024 年 7 月是关税调整节点之一。Anfavea 将向主管部门提交申请，对中国车企倾销行为进行调查，比亚迪和长城汽车是主要目标。此外，巴西汽车业界还建议政府，2025 年直接一步到位将新能源汽车关税恢复至 35%。

当然，产能出海势不可挡。即使短期内受到阻碍，也仍会有更多的中国企业前仆后继，奔赴出海征程。

第五节 通往"领导者"之路

王传福回忆在创业之初到海外出差时说:"第一次我去美国,他们老让我拿返程机票给他们看,好像我就要赖在你们美国不回来似的。我干吗要赖在美国不回来?这是对人格的侮辱。到了英国也是这样。我们中国人不笨也不懒,我们的产业不会比你差,甚至比你还好。我就希望能把产业做大,为中国人争一个面子。"[1]

如今,在全球车企销量排行榜中,比亚迪位列全球第五。对于王传福来说尚不足够,"为中国人争一个面子",那至少要排名前三,并在汽车业站稳脚跟,成为一个真真正正的全球汽车行业的领导者。

但是这条路颇为不易。无论是丰田还是大众都不是一夜崛起的,王传福和比亚迪需要改变的还有很多。仅仅是企业的全球化方面,比亚迪的出海经验就较为不足。而随着产能全球化的推进,王传福需要更多思考,如何让比亚迪真正在全球各地落地生根。并且,随着产能全球化的推进,王传福的下一步,就应该开始推动比亚迪的品牌全球化。然而,在这一方面,中国车企都没有经验,王传福只能摸着石头过河。

罗兰贝格合伙人周梦茜曾对媒体表示,一家真正的国际化汽车公司,需要构建经营指标(营收占比、海外布局广度和深度)和能力指标(销

---

[1] 《王传福:让马斯克紧张的人》,任娅斐,《中国企业家》,2023年1月3日。

服模式和布局、本地产供、品牌影响、组织前置、ESG）两大类能力。

比亚迪虽然已经位列全球车企前五，但其大部分市场都在中国。2024 年，比亚迪全球总销量达到了 427 万台，但其出口销量只有 43.3 万辆，只占 10% 多一点。从营收来看，2024 年比亚迪总营收 7700 亿元，海外营收 2200 亿元，占比不足 30%。

销售模式方面，近年来，大部分出海车企都在注意加强与当地市场的联系，尤其是借助本土企业的力量。比亚迪的海外扩张主要依托与经销商的深度合作。这种合作方式帮助比亚迪迅速进入各市场，并与当地消费者产生链接。李柯表示："我们把经销商当成合作伙伴，而不是买卖关系。有什么困难一起解决，一起做市场、做推广。他们赚钱了，也愿意投资，这是一个比较好的正向循环。"

在本地产供方面，比亚迪也在进行努力。在海外市场，比亚迪不仅在当地设立工厂，还带动了供应链本地化。2024 年投产的比亚迪泰国工厂，不仅是一个整车生产制造工厂，更涵盖了电池、电机、底盘等关键部件生产。比亚迪承诺，会协同外部合作伙伴，在当地建立产业链，以满足周边国家市场需要。

ESG 是"环境"（Environmental）、"社会"（Social）和"公司治理"（Governance）的缩写，反映了企业长期可持续发展能力和社会责任履行情况。这或许是比亚迪等中国车企全球化进程中面临的最大挑战。文化冲突是中国企业国际化绕不开的话题。东西方价值观、管理理念的不同，在本轮中国车企出海中被放大。而这些差异考验着中国车企的 ESG 能力，更关乎其国际声誉。

其中，劳资问题正在凸显。东西方社会观念、法律制度的差异，往往令中国车企忽视劳资问题，但这却是很多国家颇为重视的。比亚迪进入美国市场初期，尽管通过建立工厂为加州当地带来了就业岗位，但是因为一次劳资纠纷，比亚迪失去了长滩 1200 万美元的订单。

当然，后续一系列的改进措施，让其守住了加州的另一份订单。但过往的海外风险事件，足以给比亚迪敲响警钟。比亚迪此前称，他们已形成成熟的全球化管理团队，拥有足够的全球化业务经验。

但我们看见，就在 2024 年底，巴西工厂风波再度暴露了比亚迪 ESG 能力的薄弱。比亚迪等中国企业"出海"后各显其能，往往迅速拉高中国品牌在当地市场的份额。而本土各利益相关方难免抵触，给其海外拓展带来挑战。

一家成熟的国际化车企，应该懂得如何处理环境、社会、企业治理等内容，让企业的发展充分融入到社会的发展中，让企业的利益和社会的整体利益趋于一致。

王传福此前曾憧憬比亚迪的未来："作为一家立志成为'百年老店'的企业，若干年后，当人们谈起比亚迪的时候，我希望他们认为这是一家世界级的高科技企业。我更希望，他们记住的不是我们卖了多少台车、赚了多少钱，而是比亚迪的工程师，真真切切地用技术改变了人们的生活，为人类创造了更多价值。"[1]

作为工程师的王传福，始终希望人们关注比亚迪如何用技术改变人们的生活，而不希望人们关注自己赚了多少钱。相应地，如今在商业道路上全速前进的比亚迪，或许也要偶尔喘口气，审视自己是否偏离了初心，谨防自己掉入唯规模、唯业绩的"陷阱"。唯有如此，才能真正迈向"世界级高科技企业"的目标。

---

[1] 《王传福"卷王"登顶》，任娅斐，《中国企业家》，2024 年 12 月 5 日。

大事记

1966 年 2 月 15 日	王传福出生于安徽省无为县
1990 年	王传福于北京有色金属研究总院硕士毕业
1993 年	王传福任比格电池有限公司总经理
1994 年 11 月 18 日	比亚迪在深圳成立
2002 年 7 月 31 日	比亚迪股份在香港上市
2003 年	比亚迪收购秦川汽车
2005 年 9 月 22 日	比亚迪 F3 汽车上市
2006 年 6 月	台湾鸿海状告比亚迪
2007 年 12 月 7 日	比亚迪电子在香港上市
2008 年 9 月 27 日	巴菲特宣布投资 2.3 亿美元，收购比亚迪 10% 的股权
2008 年	比亚迪推出第一款新能源车型 F3DM
2010 年 4 月	比亚迪经销商开始集体"退网"
2011 年 6 月 30 日	比亚迪在深圳证券交易所上市
2011 年 9 月	王传福宣布 2011 年—2013 年为比亚迪调整年
2011 年	200 辆比亚迪 K9 电动大巴在深圳试运营，"公交电动化"拉开序幕

2013 年 12 月	"王朝系列"首款车型比亚迪"秦"上市
2015 年	比亚迪成为全球新能源汽车销量冠军
2016 年	著名设计师沃尔夫冈·艾格加入比亚迪
2016 年 10 月	比亚迪发布"云轨"
2019 年	比亚迪进入"至暗时刻",净利润同比暴跌 42%
2020 年 3 月	比亚迪发布刀片电池
2021 年 5 月	比亚迪启动乘用车全面出海计划
2022 年 3 月	比亚迪停止燃油汽车整车生产
2023 年 8 月	比亚迪第 500 万辆新能源汽车下线
2023 年	比亚迪成为中国市场单一品牌销量冠军
2024 年 11 月	比亚迪第 1000 万辆新能源汽车下线
2024 年	比亚迪营收首次超过了特斯拉
2024 年	比亚迪成为国内车企总销量第一,位列全球车企销量第五名

名言录

一、关于技术创新

1. 走别人走过的路，是没法和别人竞争的。

2. 创新的原动力，不是为了创新而创新，而是为了生存而创新，因为竞争和过剩，我必须要创新。

3. 技术壁垒都是给后来者营造的一种恐惧，是逼你放弃的"纸老虎"。所以，我从不对核心技术感到害怕。别人有，我敢做；别人没有，我敢想。

4. 我们崇尚技术，技术可以让企业家变得更聪明，眼光变得更远，看得更深，这也是比亚迪的技术为王、创新为本的理念。

5. 拿来的技术也不是不可以，但绝不能受制于人。

6. 我们不以模仿产品为目的，而以最终掌握开发平台为目标。

7. 越是出现调整的时候，就越是技术创新的时候，越是企业变革的时候，越是苦练内功的时候。

8. 在风平浪静的时候，管理是重要的；在风云突变的时候，技术才是行业的最大推动力。

9. 我们要坚持技术，坚持创新，不只是产品的创新、战略的创新、商业模式的创新，一切都要高度重视技术的发展，只有技术才能让我们企业永葆竞争力。

10. 很多人认为成本控制就是"抠"，事实上限制员工出差等对降低成本没有太大帮助，但一项重大的工艺变化或许会带来 10 倍的成本变化。

11. 在研发上敢砸钱，这不是烧钱，是在存钱。

12. 我们在做战略决策时，首先分析的是技术。技术能让我们看得更清晰，能看得更长远。

二、关于企业战略

1. 企业要想实现百年以上的成长，首先要有相对稳定的企业战略及明确的愿景、使命和价值观；其次要有敏感的洞察力，能够根据不同的市场状况调整发展战略；再次，以人为本；最后，要不断加强知识资本，强化创新能力。

2. 公司不是福利机构，只有保持健康、稳健、可持续的发展，才能更好地践行我们的社会责任，提升我们的使命。

3. 真正的机会会伪装成陷阱，真正的陷阱也会伪装成机会。

4. 好的方向、好的战略要精准，唯有抓住方向，才能少走弯路，快速到达终点。

5. 保持战略的定力，才能掌握发展的主动权，只要路走对了，就不怕遥远。

6. 一些不懂技术的企业家以为我们在豪赌，一些不懂市场又不懂技术的投资家也认为我们在豪赌，其实我胆子很小，我根本不会去豪赌。战略不能赌，每一步都是经过大量的数据分析、科学验证，而且是以社会需求，以解决问题为导向，底层逻辑是企业家的社会责任。

三、关于品牌和品质

1. 技术可以让我们领先三五年，战略能让我们领先十年、二十年，但有什么能让我们50年、100年后仍然屹立不倒？那就是品牌。

2. 技术很重要，提升品质也很重要，不能只埋头搞技术，也要打好提升品牌的攻坚战。那些百年老店，在经历了大浪淘沙后仍然屹立不倒，品牌就是企业的软实力。

3. 竞争的高阶阶段，就是品牌的竞争。

4. 品质是比亚迪的基石，没有品质，我们什么都没有。品质造就了比亚迪，我们不能忘掉，这是我们的根。

5. 品质最大的敌人就是变量。

6. 我们不怕有问题，有问题才是正常的。你说没问题，那才是大问题。今天没问题，一卖出去才发现问题，那将是大问题；今天有问题，把它解决掉，未来才会没问题。

7. 一个企业的核心竞争力就是价格、品质、效率。

8. 我们要找到一个品质与成本的结合点，不是完全盲目地追求高品质，也不是不顾品质地追求低成本。

四、关于企业管理

1. 企业管理跟学历有关系，但是关系不大。企业管理，一是逻辑关系，二是实现闭环。

2. 我是"一言堂"。企业是一个"军队"，市场如战场，打仗的时候就是"一言堂"，这就是效率。当然，生活上可以像家庭一样，大家可以民主地发表意见。但是工作上一定要像军队，有的问题是可以谈，有的问题是不可以谈。当然，这样也可能是错的，但我们就这么走了，错了就错了。

3. 比亚迪的管理是按市场规律，达到无为而治。因为企业管理的极致就是员工自己管理自己，最终取消管理。

4. 在和平年代，可以通过长期的、科学的决策打赢一场仗，但在汽车产业变革的弯道超车上，快速决策非常重要。

5. 靠产品很难保持长时间的领先，靠政策也很难保持长时间的领先，靠门槛也只能保持两三年的领先。真正要保持持续的领先，还要靠我们的真功夫——运营。

6. 靠文化来经营企业，才是最高境界。

7. 市场如战场，风云变幻，不进则退。如果没有竞争的人才、没有竞争的产品、没有竞争的工厂、没有竞争的事业部，一样不进则退。比亚迪要一直保持竞争的态势，打造竞争的文化。

8. 造物先造人，人品决定产品。因此，人的品质，放在品质教育的首位，员工要有工匠精神。

9. 充分竞争的行业，像战场一样，效率是关键。

10. 工程师们以推动技术革新为使命，始终坚持以技术去改变世界，没有这样的工程师文化，就没有比亚迪的今天。

11. 企业光靠责任、光靠忠诚度是不够的，这些都有"有效期"，时间久了都会过期。企业必须建立竞争优势，真正做到优者上、劣者下。

五、关于人才管理

1. 企业的竞争归根结底是人才的竞争，人才是公司最宝贵的财富。

2. 企业家，要像家里的老父亲和老母亲，事事为儿女着想般地为员工想着每一件事。你只有将他们照顾好，他们才会照顾好你的公司，进而照顾好你的利润。

3. 我的理想是比亚迪成为伙伴、学校和家庭三位一体的地方。要让员工打消离开公司的念头，让他们坚信纵然一时间不受重视，但只要一心一意地工作，一定会在比亚迪得到回报。

4. 对普通员工，我给他们稳定的收入，安全、美丽如画的工作环境；而对高级管理人才，则要满足他们更多的需求，这样就能将优秀的人才留在自己的身边。

5. 工人就像军队里的士兵，一声令下，必须服从。但用这样的方式对待知识分子肯定不行。知识分子自主性非常强，要求尊重，要求价值认同、文化认同，这样才能发挥创新作用。这些人有时也会迟到或者犯类似的小错误，但是管理者不要过于计较。

6. 没有技术人才的智慧，没有开放包容的气氛，搞技术创新就无从谈起。

7. 企业家对于技术人员要有耐心，不能今天投入，6 个月就要收到利润，这是做不到的。技术需要通过产品来表现，要给技术人员一定的时间和耐心。

8. 技术人员有很多缺点，不会拍马屁，经常给你挑毛病，不愿意承受高压。但要是认同你这个人和公司的理念，钱再少也会跟着你干。

9. 你把人仅仅看作劳动力，他就只能打工；而当你把人看作创造者，他就是设计师。

10. 只要工程师还在，即使所有财产包括土地、厂房、专利、股票全部消失，比亚迪还是可以随时东山再起。

11. 公司提供的机会很多，但不是提供给懒人。

六、关于企业家精神和社会责任

1. 我首先是一名工程师，其次才是企业家。

2. 要想成功，最关键的还是要有冒险精神。许多时候不在于你能不能干，而在于你敢不敢干。

3. 创业肯定会遇到困难，但是碰到困难就要敢闯。没有闯的精神，创业成功概率就会很低。

4. 做一个选择很容易，但当你为了这个选择拼尽全力都等不到结果，还却能咬牙坚持，这才是真正的不容易。我不知道机会什么时候会来，但我相信当机会来的时候，只有做好准备的人，才能抓住它。

5. 企业发展、事业进步、个人成长其实没有什么秘诀，就是两个字——认真。认真既是良好的工作态度和习惯，又是不可或缺的职业美德，更能反映一个人的品质和心性修养。

6. 人生像攀登一座山，而找山寻路就是一种学习的过程。我们应当在这过程中学习笃定、冷静，学习如何从慌乱中找到生机。生命有一种硬度，你若有不屈的灵魂，脚下就一定会有一片坚实的土地。

7. 作为一个企业家，我们不能只去追求商业上的成功，而是要去思考怎么能给这个社会带来更多的价值。

8. 我们现在所做的一些事情，已不再是基本的资本积累、企业规模的扩大，而是出于一种社会价值和企业责任。怎样通过技术创新，来改善我们的生活环境，改变人们的生活方式，满足人们对美好生活的向往，是我们要做的，也是一直在做的。

9.未来的社会需要什么，我们发展什么，人们向往的美好生活是什么，我们就提供什么，在解决社会问题和创造美好生活的过程中发展自己，并形成利润，实现良性循环，推动更大的发展。

10.企业家要有责任、担当。首先，企业家要跟着国家战略发展方向走，技术产品要符合绿色、创新的方向；第二，要有敢为人先的创新意识；第三，要坚持和有毅力；第四，要埋头苦干。

参考文献

1.阮建芳：《比亚迪神话：王传福的创业人生》，企业管理出版社 2009 年 10 版

2.成杰：《王传福传：比亚迪神话》，中国华侨出版社 2010 年 6 月版

3.秦朔，熊玥伽:《工程师之魂——比亚迪三十而立（1994-2024）》，中信出版集团 2024 年 11 月版

4.吴晓波：《激荡三十年：中国企业 1978-2008》，中信出版集团 2017 年 11 月版

ㄅ.吴晓波：《激荡十年，水大鱼大》，中信出版集团 2017 年 11 月版

6.阿什利·万斯：《硅谷钢铁侠——埃隆·马斯克的冒险人生》，周恒星译，中信出版社 2016 年 5 月版

7.方跃、周频、崔洪波：《四轮驱动：中国汽车产业的数智化创新之路》，机械工业出版社 2024 年 12 月版

8.袁晓：《太阳能光伏发电应用技术》，电子工业出版社 2023 年 11 月版

9.陈雪婉 卢羽桐 罗国平：《新型储能热潮》，《财新周刊》2022 年第 30 期

10.杨安琪：《无为英雄》，《财富》中文版 2020 年 1/2 月刊

11.陈亮：《比亚迪成为销冠之后》，《财经》2024 年 1 月 14 日

12.任娅斐：《王传福：电门踩到底》，《中国企业家》2023 年 12 月 5 日